両親・親族のあいさつ

岩下宣子　監修

目次

PART 1 挙式当日の親の役割とマナー

PART 2

両家代表の謝辞

PART 3

言いかえ可能なパート別文例集

PART 4 親族のスピーチ

PART 1

挙式当日の親の役割とマナー

子どもの結婚式での親の役割とは？

主催者側の立場で来賓をもてなす

Q 子どもの結婚式で親がすることは？

第一は来賓をもてなすこと

子どもの晴れの日ともなれば、感慨もひとしおでしょう。ですが、新郎新婦をサポートする親としての大切な役割があります。祝福される立場ではありますが、主催者側として心をこめて来賓をもてなしましょう。

子どもたちが準備を行ってきた場合でも、来賓にあいさつしたり、スタッフにもきちんと対応をしたり、気配り心配りを忘れないようにします。

挙式当日の親の役割

披露宴中ももてなしの気持ちで

披露宴中は、和やかな雰囲気で過ごしますが、各テーブルを回っての来賓へのあいさつは忘れずに。祝辞や余興は感謝の気持ちをもって聞き、楽しみます。

来賓やスタッフへの心配り

スタッフに心づけを渡し、よろしくお願いしますという気持ちを伝えるのは親の役目。また控え室で、来賓を歓迎し、もてなすのも親の大切な役割です。

Q どのような心がまえでのぞめばいいの？

謙虚に感謝の気持ちで

来賓は新郎新婦を祝福するために来てくれています。そのことを理解し、感謝の気持ちをもって、来賓の方々に対して失礼がないように、もてなすことが大切です。決してでしゃばりすぎず謙虚な姿勢で、来賓が楽しく過ごせるように心配りをしましょう。

媒酌人やスタッフへのお礼

媒酌人はもちろん、会場スタッフや手伝ってくれた友人知人に対してのお礼も忘れずに。最後に忘れ物がないか確認するところまでが親の役割と考えましょう。

来賓に対していねいにお見送り

披露宴後は、来賓ひとりひとりに感謝の言葉をかけながら、お見送りをします。親しい相手とだけ話しこむことがないよう、分け隔てなく来賓と接しましょう。

心をこめて謝辞を述べる

謝辞は、新郎か新郎の父親、またはそれぞれが行うのが一般的。事前に原稿を用意しておくと安心です。感謝の気持ちがきちんと伝わるように心をこめて述べます。

挙式前日の過ごし方は？

確認作業と家族との団らんを

Q 前日に準備することは？

持ち物は前日までに用意を

前日は、挙式当日に必要な持ち物や手配、会場でお世話になる人への心づけの用意などを早めにすませておきましょう。あらかじめチェックリストを作っておくと安心です。

また、当日、来賓にあいさつをする際に失礼のないよう、席次表を確認し、ひとりひとりの肩書や名前、本人たちとの関係などを事前にチェックしておくことも大切です。

Q 前日に連絡することは？

関係者へのあいさつも重要

媒酌人や主賓、世話人など、お世話になる人へのあいさつの電話は、子どもだけでなく親からも「よろしくお願いします」と、ひと言伝えましょう。親戚などで遠方から出席する人への、宿泊先に着いたかどうかの確認とあいさつは、子どもに代わって親が行うことも。

送迎車や貸衣装、着つけなどの手配も忘れずに確認しておきます。

ここが知りたい Q&A

前日、子どもにどのような言葉をかけたらいいの？

A 素直な気持ちで、親としての思いを伝えて

同居しているなら、できれば家族そろって夕食を囲みたいものです。子どもから感謝の言葉をかけられたら、素直な気持ちでこたえましょう。新生活への不安を抱いているようならば、アドバイスをして気持ちを楽にしてあげるとよいでしょう。離れて暮らしている場合は、電話でもかまいません。親としての思いを伝えてあげましょう。

挙式前日に確認することリスト

［ 手配 ］

□ 新郎新婦や家族の車の手配

□ 媒酌人、主賓、親戚などの送迎車の手配

□ 貸衣装や着つけの手配

［ 連絡・確認 ］

□ 媒酌人·主賓へのあいさつの電話

□ 親戚へのあいさつ

□ 遠方から出席する親戚にあいさつ

□ 来賓の肩書、名前、新郎新婦との関係などを本人に確認

□ 親族紹介用に親族の名前の確認

［ 持ち物 ］

□ 進行表、席次表

□ 祝儀袋とお金（お車代、心づけ、媒酌人などへのお礼）

□ 謝辞の原稿

□ 親族紹介のメモ（用意する場合）

［ 衣装 ］

□ 衣装に汚れやほころびなどがないか

□ アクセサリー、バッグ、小物などの用意

□ 靴を磨いたり、ぞうりの用意

□ 足袋やストッキングの予備の用意

挙式・披露宴での親の衣装は？

新郎新婦と同格で両家のバランスをそろえる

Q 両親の衣装選びのポイントは？

新郎新婦と格をそろえる

新郎新婦に近い関係の人ほど、新郎新婦と格をそろえるのが基本といわれています。もっとも近い両親がそれにあたります。

父親の場合は、昼間はモーニング、夜ならタキシード、和装なら紋付羽織袴となります。母親の場合は、和装の黒留袖が無難ですが、洋装なら昼間はアフタヌーンドレス、夜ならイブニングドレスが正式です。

親の服装

〈フォーマルな披露宴〉

父親［洋装］

- 昼間はモーニング、夜はタキシードが基本（実際には夜でもモーニング着用のケースが多い）。
- モーニングのネクタイは白黒の縞柄か、シルバーグレーの結び下げ。タキシードは黒の蝶ネクタイ。
- 靴は黒革のひも靴。

父親［和装］

- 黒紋付羽織袴（五つ紋）が基本。
- 袴は細い縞柄。
- 羽織の紐は白の撚《よ》り返し房つき。

また、カジュアルな披露宴で、「平服で」と招待状を出している場合は、主催者側は準礼装となります。その場合、父親は昼はディレクターズスーツ、夜はブラックスーツ、母親は訪問着か色無地、またはフォーマルなドレスで出席します。

Q 衣装選びで気をつけることは?

両家のバランスをとって

新郎新婦と格をそろえるだけでなく、両家のバランスをとることも大切です。両家の両親は並んで立つことが多いので、あらかじめ相談してバランスを合わせましょう。媒酌人を立てる場合は、媒酌人とも同格にします。

〈 カジュアルな披露宴 〉

父親・母親の準礼装

[父親]
- 昼はディレクターズスーツ、夜はブラックスーツ。

[母親]
- 和装なら訪問着か色無地。
- 洋装ならフォーマルドレス(ロング丈はNG)。

母親 [洋装]

- 昼はセミロング~ロング丈のアフタヌーンドレス、夜は華やかな印象のイブニングドレスが基本。
- 靴は5センチ以上のヒールのあるパンプス。
- アクセサリーは、昼はパール、夜なら光るタイプを。

母親 [和装]

- 黒留袖(五つ紋)。
- すそ模様は、おめでたい意味の吉祥文様(松竹梅、鶴など)。
- 帯締め、帯揚げは白。
- 金糸・銀糸の入った草履。
- 黒骨の扇子を持つ。

心づけ・お礼の準備は？

新郎新婦、両家の親で分担を決めて

Q 心づけってお礼と違うの？

渡す相手によって変わる謝礼

「お礼」とは、媒酌人に渡す謝礼や友人知人に司会や受付を依頼した際に渡す謝礼のことで、主賓などに渡す「お車代」も含まれます。「心づけ」とは、式場のスタッフに対して感謝の気持ちをこめて贈るご祝儀のこと。渡す人リストを作って前日までに用意しておきます。新郎新婦や両家でよく相談して、誰がいつ渡すかを決めておきましょう。

心づけ、お礼、お車代を用意する人と金額の目安

〈 基本のマナー 〉

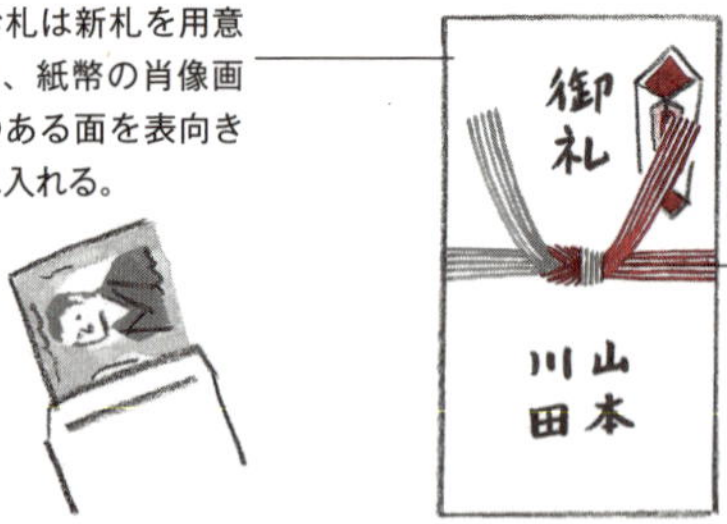

お札は新札を用意し、紙幣の肖像画のある面を表向きに入れる。

のし袋は赤白結び切りの水引（媒酌人へのお礼以外は、水引が印刷されたタイプでOK。心づけはポチ袋でも）。表書きは「御礼」。お車代の場合は「御車代」。

- お車代や心づけは予定数よりも少し余分に用意。
- 媒酌人へのお礼やお車代、会場係への心づけ、司会者やカメラマンへのお礼の表書きは両家連名（プロに依頼した場合も友人の場合も同様）。
- 主賓や遠方からの来賓へのお車代の表書きは、それぞれ招待した側の姓で。
- 介添人や着つけなど新婦がお世話になる相手への表書きは、新婦側の姓。
- 受付係への表書きはそれぞれ依頼した側の姓に。両家連名でもOK。

Q 誰にいつ渡すべき？

お世話になった人へ式の前後に

媒酌人へは後日お礼にうかがうのが原則ですが、当日披露宴の後に渡してもよいとされています。金額は関わり方にもよりますが、いただいたご祝儀の2倍が目安。別に「お車代」として交通費を渡します。

司会などを頼んだ友人には、新郎新婦からお礼をすることが多いので、当人に確認を。式場スタッフへは、当日、顔を合わせた際に親から渡します。ヘアメイク・着つけ係へは、お世話になった側が渡します。主賓や遠方からの来賓に渡すお車代は、受付に預けておき、記帳の際に渡してもらってもよいでしょう。

〈 お車代 〉

渡す人

媒酌人、主賓→お見送りのときに親から渡す。
遠方からの親族、来賓→受付で渡してもらうか招待した側の親から渡す。

金額

媒酌人→1万円
主賓→5000～1万円
遠方からの親族→親族間の慣例に従い、事前に宿泊先や切符を手配したり相当分の金額を用意。
遠方からの来賓→事前に切符を手配したり、交通費の全額または半額に相当するキリのいい金額を用意。

ポイント

●遠方からの来賓には、事前に交通費や宿泊費をどうするかを伝えておく。

〈 お礼 〉

渡す人

媒酌人→両家の両親、新郎新婦がそろって。
司会者、受付係、カメラマン（友人の場合）→披露宴前後に親から渡すか、お車代として同程度の金額を渡す。

金額

媒酌人→いただいたご祝儀の2倍が目安
司会者→2万～3万円
受付係→3000～5000円
カメラマン→実費+1万円～

ポイント

●司会や受付を依頼した友人がお礼を受け取らない場合は、後日新郎新婦から新居に招待したり、新婚旅行のお土産を渡すなどして感謝の気持ちを伝える。

〈 心づけ 〉

渡す人

会場係→披露宴前に責任者へ親が渡す。
プロ司会者、カメラマンなど→披露宴前に親が渡す。
ヘアメイク、着つけ係、介添え人など→新婦か新婦の身内が渡す。

金額

会場係→1万～3万円
プロ司会者、カメラマンなど→所定の料金以外にそれぞれ3000～1万円
ヘアメイク・着つけ係→まとめて5000～1万円
介添人→3000～5000円

ポイント

●重複して渡すことがないよう、両家で相談してどちらが渡すかを決めておく。
●式場によっては、心づけを辞退する場合も。

式場についてからの親の役割は？

新郎新婦にかわり主催者として振る舞う

Q 結婚式当日を迎えたら？

時間に余裕をもって行動を

結婚式当日は、早めに起床して余裕をもって行動します。同居している場合は、家族で朝食を囲めるといいですね。新婦は披露宴中あまり食事がとれないので、控え室でつまめるもの※を用意しておきましょう。出かける前にもう一度持ち物の確認を。式場についたら、主役にかわり親が主催者側として動きます。

※ひと口で入る、小さく切ったサンドイッチや、小さなおにぎりが便利です。

挙式・披露宴当日の親の動き

1

早めに式場に入る

途中の交通事情も考慮して、余裕をもって家を出て、早めに式場に到着するようにしましょう。

ポイント 支度のかかる新婦は式が始まる3時間前、新郎は2時間前までに式場入りするのが一般的。新婦の母親は、新婦につき添って行くのが理想。

2

スタッフにあいさつ

新婦は到着したら、ヘアメイクや着つけ係、介添人にあいさつし、したくをお願いします。母親も着つけが必要な場合は依頼。新郎、父親は到着後、会場係にあいさつを。

ポイント あいさつをした際、介添人や着つけ係の人に心づけを渡します。渡しそびれてしまった場合は、披露宴終了後でもOKです。

3 来賓にあいさつ

媒酌人を立てた場合は、媒酌人が到着したら、まず両親が出迎え、新郎新婦もあいさつをします。また、両親はなるべく控え室にいて、来賓を迎えます。

ポイント 両親は控え室で、媒酌人に親族を紹介したり、面識のない来賓同士を紹介します。

4 挙式・親族紹介・写真撮影

挙式の前後に親族紹介と写真撮影が行われます。

親族紹介での動きについては、P20参照。

5 披露宴

挙式、親族紹介、写真撮影のあと、披露宴が行われます。

披露宴での動きについては、P24参照。

6 お見送り・媒酌人へお礼

来賓全員を見送ったあとに、媒酌人へていねいにお礼をし、見送ります。

ポイント 両家の両親、新郎新婦で見送ります。謝礼は後日渡すのが原則ですが、その場で渡してもOK。

7 スタッフへお礼、あいさつ、費用の精算、後片づけ

終宴後、会場係など、お世話になったスタッフへあいさつします。また、費用の清算や後片づけも行います。

ポイント 式場への支払いがすんでいる場合は、追加分を精算します。控え室に忘れ物などがないか確認を。

挙式前の控え室での振る舞いは?

来賓を迎え、もてなすのは親の重要な役目

Q あいさつや振る舞い方の心得は?

感謝の気持ちでていねいに

控え室で媒酌人や来賓のもてなしをするのは親の大切な役割です。親しい相手ばかりでなく、ひとりひとりにあいさつし、飲み物をすすめてもてなしましょう。会場係にあれやこれやと指示を出すのではなく、あくまでも謙虚な姿勢で、進行については会場係に任せ、来賓への対応に徹します。媒酌人に親族を紹介するのも親の役目です。

控え室での振る舞い方

年配者や来賓に席をすすめる

若い親族よりも、年配の方や来賓に座ってもらうようすすめましょう。

来賓を控え室に案内する

入り口付近に立って、訪れた来賓のあいさつを受けたら、中へ入ってもらうようすすめます。

全体の様子に気を配る

来賓に飲み物が出ているかなどの気配りを。新婦の母親は、新婦の様子にも配慮をします。

つねに親や身内が残る

控え室には来賓が訪れたり、緊急の連絡が入るので、両家の親や身内がいるようにしましょう。

控え室でのあいさつ例

【相手方の両親や親族へ】

「本日はよろしくお願いいたします。今後とも末永くおつき合いください」

「本日はありがとうございます。新婦○○の母でございます。これから末永いおつき合いをよろしくお願いいたします」

【媒酌人へ】

「本日は大変お世話になります。どうぞよろしくお願いいたします」

「ご多用の中、ありがとうございます。至らないこともあると思いますが、今日一日よろしくお願いいたします」

「本日は大役をお引き受けくださり、ありがとうございます。何かとお世話になりますが、どうぞよろしくお願いいたします」

【親族・来賓へ】

「本日は遠方よりお越しいただいて恐縮です。よろしくお願いいたします」

「ご無沙汰いたしております。お元気そうで何よりです。本日はよろしくお願いいたします」

「○○の父です。本日はご多用のところありがとうございます」

「本日はお世話になります。どうぞよろしくお願いいたします」

【スタッフへ】

「○○の母でございます。本日はお世話になります。どうぞよろしくお願いいたします」

「本日はいろいろお手数をおかけいたしますが、よろしくお願いいたします」

「本日お世話になります○○です。どうぞよろしくお願いいたします」

挙式後の親族紹介の仕方は？

両家の父親が紹介するのが一般的

Q 挙式後の流れはどうなっているの？

親族紹介のあと記念撮影を

両家別々だった控え室が挙式後にはひとつになり、親族紹介が行われます。会場によっては、挙式前や、控え室ではなく式後その場で続けて行う場合もあります。

両家の親族紹介が終わると、次は写真撮影が行われます。話しこんだり、場所を譲り合って決まらないということがないよう、スタッフの指示に従い速やかに行動しましょう。

親族紹介の流れ

〈 **父親が行う場合** 〉

① 媒酌人のあいさつ
（媒酌人を立てない場合は②からスタート）

媒酌人を務めさせていただきます山本俊夫です。本日は式もとどこおりなく行われまして、おめでとうございます。これよりご両家の皆様方をご紹介させていただきます。まずは新郎のお父様から皆様のご紹介をお願いします。

② 新郎の父親のあいさつ

それでは桜井家の皆様方に私どもの親族を紹介させていただきます。私は新郎の父親の本木宗一郎と申します。隣は新郎の母親の典子でございます。

Q 親族紹介の方法は？

新郎側→新婦側の順に紹介

本来は媒酌人が親族を紹介していましたが、媒酌人を立てない場合や親族と面識のない媒酌人が多いこともあり、今は、両家の父親が行うのが一般的です。

まず新郎側から近い親族を紹介していき、新婦側も同様に紹介します。

アドバイス

親族の名前を書いたメモの用意を

緊張して名前が出ないこともあるので、親族の名前や新郎新婦との関係を書いたメモを用意するとよいでしょう。

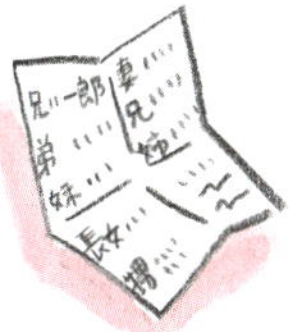

---

3 紹介されたらひと言あいさつし一礼

母の典子です。よろしくお願いいたします。

4 同様に親族を順に紹介していく

ポイント
- 新郎に関係の近い順に紹介していくのが基本（両親、兄弟姉妹、祖父母、おじ、おば、いとこなど）
- 新郎との続柄、名前を紹介（敬称は不要）

5 新婦の父親のあいさつ

では、本木家の皆様方に私どもの親族を紹介させていただきます。私は……

- 新郎側と同様に行う

6 媒酌人かスタッフがあいさつし全員で一礼

（全員）幾久しくよろしくお願いいたします。

親としてすべての来賓を歓迎する気持ちで

Q 披露宴が始まるまでにすることは？

来賓にあいさつを

開宴までの控え室は、来賓が次々と訪れ、にぎやかになることでしょう。親は主催者側として、来賓をもてなす大切な役目があります。面識のない人に対してもひとりひとり声をかけ、名乗った後出席してくれたことへのお礼を述べましょう。

とくに親としてあいさつしておきたい主賓には、到着したら知らせてもらえるよう受付に頼んでおきます。

ここが知りたい Q&A

人を紹介する場合のマナーは？

A 年齢や立場、性別によって紹介のルールは違います。以下のルールに従って紹介を。

媒酌人と親族の場合

媒酌人に親族を紹介してから、親族に媒酌人を紹介します。

身内と他の人の場合

まず、身内を紹介してから、相手のことを身内に紹介します。

目上の人と目下の人の場合

まず、目上の人に目下の人を紹介し、次に目下の人に紹介します。

男性と女性の場合

男性が目上の場合は女性を先に、同年代の場合は、女性に男性を紹介してから、男性に女性を紹介します。

※ 自分から見て、立てなければいけない人を後から紹介、と覚えましょう。

来賓へのあいさつ例

【名乗り】

「新郎の父親の山田太郎でございます。本日はありがとうございます」

「○○の父（母）親でございます」

【主賓・上司へ】

「本日はご多用のところ、お越しくださいましてありがとうございます」

「ようこそおいでくださいました。いつも○○がお世話になっております」

「遠いところをご列席賜りまして、ありがとうございます」

「本日はありがとうございます。○○から日ごろたいへんお世話になっていると聞いております」

【スピーチ・余興をお願いしている人へ】

「本日はごあいさつをお引き受けくださいまして、ありがとうございます。よろしくお願いいたします」

「本日はご祝辞をお願いしていると存じますが、どうぞよろしくお願いいたします」

「今日はピアノを弾いてくださると聞いています。ありがとうございます。楽しみにしております」

「今日は皆さんで楽しい余興をしていただけるとのこと。ありがとうございます。どうぞよろしくお願いいたします」

【新郎新婦の友人へ】

「よく来てくださいました。いつもありがとうございます」

「日ごろは○○がたいへんお世話になっております」

「ずっとよいおつき合いをしてもらっていて、○○も幸せです」

「○○も来ていただけることを、とても楽しみにしていました」

「これからも、今まで通りよいおつき合いをお願いします」

披露宴の流れ

一般的な披露宴の流れを紹介します（媒酌人を立てない場合は③のプログラムは司会や新郎が行います）。両親が注意するポイントを覚えておきましょう。

1 来賓入場

新郎新婦、媒酌人夫妻、両家の両親が入り口に立ち、来賓を迎えます。

ポイント　笑顔で迎え、ていねいに頭を下げます。流れを止めないように、話しこんだりしないこと。

2 新郎新婦入場

全員が着席し、準備が整ったら、音楽に合わせ、新郎新婦、媒酌人夫妻が入場します。

3 媒酌人のあいさつ

司会が開演を告げ披露宴開始。媒酌人より、新郎新婦の紹介や馴れ初めなどの紹介があります。

ポイント　新郎新婦と両家の両親は起立して聞き、あいさつが終わったら媒酌人とともに来賓に一礼します。

4 主賓の祝辞

新郎側、新婦側の主賓がそれぞれあいさつします。

ポイント　新郎新婦、媒酌人、両親は起立して祝辞を受けます。主賓から着席をすすめられた場合は座って聞き、終了後起立して一礼。

5 乾杯・ウエディングケーキ入刀

会場によっては、ケーキ入刀が先に行われる場合もあります。乾杯のときは、全員起立して「乾杯！」の発声とともに乾杯します。

ポイント　両親も一緒に乾杯します。グラスを目の高さまで上げ、お酒を飲めない場合もグラスに口をつけましょう。

6 食事・歓談

料理が運ばれ、歓談します。

ポイント 両家の両親は、主賓や媒酌人、来賓にお酌をしたり、あいさつに回ります。会場によっては、お酌をして回ってはいけないところも。

7 お色直し

新婦は媒酌人夫人につき添われ退場。新郎もお色直しをする場合は、少し遅れて退場します。

ポイント 媒酌人を立てない披露宴では、新婦の母親がつき添って退場する場合もあります。

8 新郎新婦再入場・祝辞・余興

新郎新婦が再入場し、キャンドルサービスなどで各テーブルを回ります。来賓の祝辞や余興が行われます。

ポイント 新郎新婦、両家の両親は、スピーチや余興の始まりと終わりに、座ったまま相手に一礼します。

9 花束贈呈

新郎新婦から両家の両親へ花束の贈呈が行われます。その前に、花嫁から両親へ感謝の手紙を読むケースも。

10 両家代表の謝辞

新郎の父親があいさつするのが一般的。その後に新郎があいさつする場合もあります。

ポイント あいさつが終わったら、新郎新婦、両家の両親が一同に礼をします。

11 閉宴・お見送り

司会者が閉宴を告げてお開きとなります。入場のときと同様に、新郎新婦、媒酌人夫妻、両家両親が並んで来賓を見送ります。

ポイント ひとりひとりに感謝の気持ちをこめて、「ありがとうございました」とていねいにお礼の言葉を述べましょう。

披露宴での親の心得は？

来賓に喜んでもらえるようサポート

Q 披露宴での親の振る舞い方は？

感謝の気持ちでていねいに

披露宴では、来賓をもてなすことに心を尽くしましょう。歓談の時間は、各テーブルへあいさつやお酌して回るのもよいでしょう。祝辞や余興が始まる前と終わったときは座ったままで一礼します。できれば食事の手を止めて、耳を傾けましょう。

来賓からお酒をすすめられたら、快く受けましょう。ただし、飲み過ぎないように控えめに。

ここが知りたい Q&A

ビールの注ぎ方にマナーはあるの？

A 注ぐときはラベルを上に

ビールを注ぐときは、ラベルを上にして両手で持ちます。泡ばかりにならないようにはじめは静かに、徐々に勢いをつけ、適度な泡が立ったらまた静かに注ぎます。

〈 注ぐときのポイント 〉

泡は全体の３割程度に。なみなみ注がないように注意しましょう。

〈 受けるときのポイント 〉

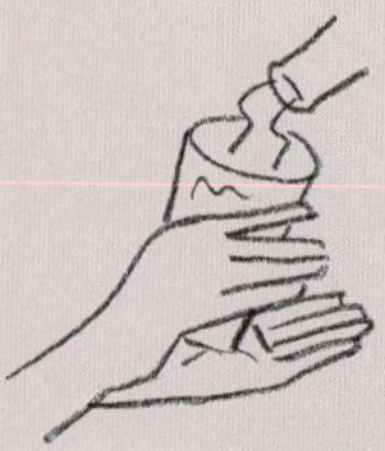

右手でグラスを持ち、左手を底に添えて受けます。受け始めはグラスを少し斜めにし、徐々に起こすとよいでしょう。

Q 披露宴中気をつけたいことは？

会場全体に気配りを

披露宴の雰囲気を楽しみながらも、会場全体への配慮は必要です。

乾杯のあとは、食事・歓談となりますが、たとえ料理が運ばれていても主賓が食べ始めるまで待ちましょう。また、同じテーブルの全員に料理が置かれるまで手をつけません。

この時間帯に来賓へあいさつに回りますが、相手のタイミングのよいときを見ながら、声をかけるようにしましょう。祝辞や余興が始まるときは、あいさつ回りをやめて席に戻り、傾聴します。

マナーを守り、場をわきまえた振る舞いを心がけましょう。

披露宴中のあいさつ例

【会社の上司・同僚へ】

「本日はご多用のところ、お越しくださいましてありがとうございます。これからもご指導・ご鞭撻《べんたつ》のほどよろしくお願いいたします」

「○○の父親です。いつもお世話になっております。今日はありがとうございます。どうぞごゆっくりなさってください」

新婦が結婚退社する場合

「本日はご多用の中、ご出席いただきましてありがとうございます。今までたいへんお世話になりました」

【恩師・友人へ】

「本日はお越しいただきありがとうございます。大学時代はたいへんお世話になりました。これからも見守ってくださいますようお願いいたします」

「お久しぶりです。今日はお越しくださいましてありがとうございます」

【主賓・祝辞をいただいた人へ】

「先ほどはありがとうございました。とてもうれしく拝聴いたしました。今後ともどうぞよろしくお願いいたします」

「先ほどはお心のこもったお言葉を、ありがとうございました。とても感動いたしました。これからもかわらぬご指導をいただけますよう、よろしくお願いいたします」

食事のマナー

もてなす側だからこそ、来賓を不快にさせてしまわないよう、
最低限のマナーをおさえておきましょう。

洋食

一般的なテーブルセッティング

カトラリーは外側から使う

皿を中心に左がフォーク、右にナイフやスプーンが置かれます。外側からオードブル用、魚料理用、肉料理用と出てくる料理の順に並んでいます。皿の向こう側に置かれるのはデザート用です。なるべく音を立てずに食事しましょう。

グラスは注いでもらった順に

スタッフが飲み物を注いでくれるので任せておけば大丈夫でしょう。

基本のマナー

グラス・皿

スタッフが飲み物を注ぎます。注がれる際は、グラスはテーブルに置いたままでOK。皿を持つのはNG。動かさずに使います。

ナプキン

料理が運ばれる頃ナプキンを二つ折りにしてひざに置きます。口元が汚れたら二つ折りの内側でふき取ります。スピーチなどで中座するときはイスに置きましょう。

ナイフ・フォーク

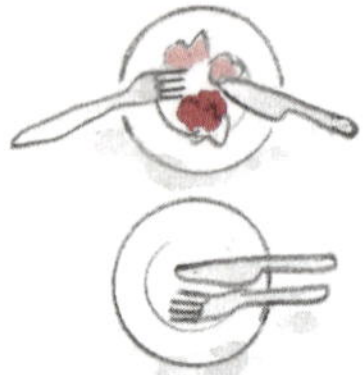

右手にナイフ、左手にフォークを持ちます。食事の途中で皿に置く場合は「ハ」の字に、お皿の料理を食べ終わったらナイフとフォークを右側にそろえて置きます。

和食

きれいな食べ方

揚げ物（天ぷら）

盛りつけをくずさないように手前や上から取って食べます。食べるときは汁をたらさないように、天つゆの器を持ちましょう。

焼き物（魚）

尾頭つきの魚は、懐紙で頭をおさえ、箸で身をくずしましょう。上身を食べた後、頭、骨、尾を皿の向こうへ置いて下身を食べます。

吸い物（ふたつきの器）

ふたつきの器は、必ず一方の手を器に添えながらふたを取ります。ふたは返してから横に置き、食べ終わったら元のようにふたをします。

箸使いのタブー

渡し箸

器の上に箸を置くこと。

迷い箸

何を食べるか迷って、箸をうろうろ動かすこと。

刺し箸

箸を料理に突き刺して食べること。

ねぶり箸

何もはさんでいない箸を口にくわえたり、なめること。

指し箸

箸先で人やものなどを指すこと。

寄せ箸

箸で器を引き寄せること。

披露宴後の振る舞いは？

最後まで礼を尽くし、忘れ物のないように

Q 披露宴後の親の役割は？

関係者へのお礼と片づけ

披露宴が終わり、来賓をお見送りしたら親の役割は終わり……ではありません。新郎新婦は着がえや二次会の準備などであわただしいので、親がかわってフォローします。

媒酌人、司会や撮影をしてくれた友人知人、式場関係者へのお礼は新郎新婦と一緒に行いますが、精算後の後片づけと最終確認は親の役割です。

披露宴後に行うことチェックリスト

- □ 来賓を見送る
- □ 媒酌人を立てた場合は、媒酌人へのお礼とあいさつ
- □ 手伝ってくれた友人知人、式場スタッフにお礼とあいさつ　※心づけを渡していない人がいたら渡す。
- □ ご祝儀、祝電、芳名帳などを受け取る
- □ 式場費の精算
  ※式場費を事前に支払っている場合は、追加分を清算。
- □ 会場、控え室、ロビーなどに忘れ物がないか確認

披露宴後のあいさつ例

【来賓へ】

「本日は大切なお時間をいただきまして、ありがとうございました」

【祝辞や余興をしてくれた来賓へ】

「心温まる祝辞をいただきまして、ありがとうございました。とても感激いたしました」

「楽しい歌を聞かせてくださいまして、ありがとうございました」

「本日は、盛り上げていただいてありがとうございました。とても楽しい披露宴になりました」

【媒酌人へ】

改めてお礼に行く場合

「長いお時間本当にありがとうございました。後日改めてごあいさつにうかがいます。本日はここで失礼いたします。どうぞお気をつけてお帰りください」

その場でお礼を渡す場合

「本来ならば、日を改めておうかがいするべきなのですが、こちらで失礼させていただきます。私どもの感謝の気持ちです。どうぞお納めください」

【司会や撮影をしてくれた友人知人へ】

「今日は一日ありがとうございました。おかげさまで無事にすみました」

「今日は朝早くからありがとうございました。お食事もままならなかったのではありませんか。どうぞごゆっくりおくつろぎください」

※披露宴の手伝いのために食事ができなかった友人には、飲み物や軽食などを用意しておくとよいでしょう。

【式場スタッフへ】

「本日はお世話になりました。おかげさまでよい披露宴ができました。ありがとうございます」

「本日はありがとうございました。おかげさまで無事にお開きになりました」

「今日は一日お世話になりました。思い出に残る式となりました。ありがとうございました」

column 1

会場・挙式スタイル別
親の振る舞い方の注意ポイント

レストランウエディングやガーデンウエディングなど、最近ではさまざまなスタイルの結婚式が行われます。それぞれのスタイルに応じた、親の振る舞い方を知っておきましょう。

ホテル・結婚式場

格式高い式場にふさわしいフォーマルな装いでのぞみましょう。来賓も多いので、親は主催者側として、きちんとした対応をします。もてなしの気持ちをもって来賓すべてに満足してもらえるように振る舞いましょう。

レストラン

料理を楽しんでもらいながら、温かな雰囲気作りを心がけて。服装は準礼装でOK。控え室がないことも多いので、披露宴が始まる前の待ち時間に来賓がくつろげる場所を用意し、ひとりひとり声をかけるようにしましょう。

人前結婚式

新郎新婦の意向を尊重しつつ、たとえアットホームな式・披露宴であっても、来賓に対する配慮は忘れずに。演出方法もさまざまなので、形式になじみのない年輩の来賓や親族には流れを説明しておくとよいでしょう。

ハウスウエディング

会場によっては、立食だったり、階段の上り下りがあったり、歩いて移動することが多かったりもするので、年配の来賓にはとくに配慮を。できるだけ目を配り、困ったことがあればすぐにうかがい、手を貸すようにしましょう。

PART 2

両家代表の謝辞

両家代表の謝辞のポイントは？

心をこめて出席者へのお礼を伝える

Q 謝辞とはどのようなもの？

主催者によるお礼のあいさつ

両家を代表して行う謝辞は、会の主催者が披露宴の列席者に対して、出席ならびに祝儀、祝辞への感謝の気持ちを伝えるあいさつです。休日を返上してわざわざ足を運んでくれた方々へ、どのような言葉で表現したらお礼の気持ちを率直に伝えることができるかを、いちばんに考えましょう。

謝辞は冒頭のあいさつから結びの言葉まで、ある程度の形式が決まっています。でも、決まり文句だけでは、そっけないあいさつとなってしまいます。謝辞を形式的なお礼の言葉にしないために、親としての心情やエピソードなどを添えて、自分らしさを加えるとよいでしょう。

最後に支援のお願いを

もうひとつ謝辞に欠かせないのが、新郎新婦への支援のお願いを伝える言葉です。新たに歩み始める新郎新婦のことを、親の立場から、披露宴の場に集まってくれている方々に心をこめてお願いするようにしましょう。

そして最後に列席者の発展を願う言葉や不行き届きのお詫びなどを添えて締めくくるのが一般的な構成です。

Q 謝辞は誰がいつ行う?

通常は新郎の父親が行う

謝辞は披露宴のしめくくりに、新郎の父親が行うのが一般的。父親がいない場合は、母親や新婦の父親が行います。両家の父親や父親と新郎など、二人で行うケースもあるので、両家でよく相談して決めるようにしましょう。新郎新婦の名前で招待状を出した場合は、新郎だけが謝辞を行う場合もあります。

＜謝辞を行う優先順位＞

① 新郎の父親
② 新郎の母親または新婦の父親
③ 新婦の母親
④ 新郎の親族
⑤ 新婦の親族
⑥ 新郎の兄や姉
⑦ 新婦の兄や姉

謝辞の流れ

1 披露宴終盤、花束贈呈のため末席へ移動

両親は末席で一列に並び、新郎新婦の花束を待ちます。花束贈呈が終わったら、新郎新婦も両親と共に一列に並びます。

2 指名を受けてマイクの前で一礼

司会者より謝辞の指名を受け、マイクの前に進み、一礼します。

3 謝辞を述べる

列席者全員に聞こえるよう、はっきりとした声で謝辞を述べます。

4 謝辞が終わったら一礼する

両家代表の謝辞が終わったら、代表者と一緒に新郎新婦、両家両親全員がそろって一礼します。

謝辞の際の立ち居振る舞いは？

背筋を伸ばし出席者全員に話しかけるように

Q 謝辞をする際のポイントは？

姿勢や話し方で印象よく

謝辞は話の内容だけでなく、話し手の姿勢や表情、立ち居振る舞いなども大切です。いくら内容がすばらしくても、暗い表情で原稿を棒読みするようでは、聞き手をひきつけることはできません。

謝辞は披露宴をしめくくるスピーチです。列席者によい印象を持ち帰ってもらえるよう、事前に姿勢や話し方などの練習もしておきましょう。

スピーチの姿勢

顔・表情
暗い表情では、陰気な印象に。うつむかずに明るい表情で。

視線
視線はできるだけ遠めにし、「Z」を描くように動かすと全体を見て話している印象に。キョロキョロしたり、1点を見つめたままにならないように。

姿勢
背筋を伸ばし、肩の力を抜いてリラックスを。

身振り
大げさすぎるジェスチャーは品位を下げるので控えて。手は自然に前で組むか体の横に沿わせましょう。

足
男性は足先を60度に開き、女性はそろえます。重心を親指のつけ根と土ふまずに置くと、感じのよい立ち方に。

スピーチの際の注意点

おじぎの仕方

スピーチの前後には、おじぎをします。始めるときは上体を15度ほど倒したおじぎをし、自己紹介をしたあと上体を45度倒したおじぎを。終えたときは70～75度倒した深いおじぎをします。背筋を伸ばし、腰から上体を曲げ、頭のなかで1、2と数えて静止し、それから上体を戻すときれいなおじぎになります。スタンドマイクに頭がぶつからないように注意して。

マイクの使い方

●スタンドマイクの場合……背筋を伸ばして立ちます。マイクに寄ろうとして、前のめりにならないように注意。男性は手を自然に体の脇に沿わせ、女性は前で軽く組みます。

●ハンドマイクの場合……一方の手でマイクを持ち、ひじは脇に自然につけます。女性はもう一方の手をマイクに添えても。マイクと口は、握りこぶしひとつ分は離すようにします。

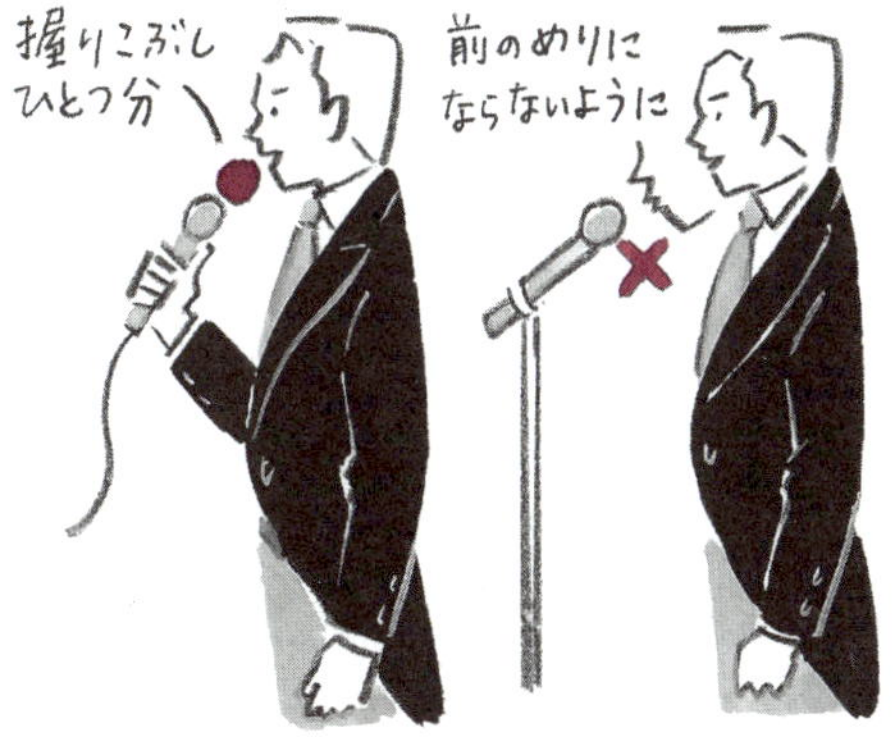

メモの見方

原稿のキーワードや、話の展開などをメモしてポケットに入れておくと安心です。メモは手のひらサイズの紙に書いておきましょう。メモを見るときは視線だけをときどき向ける程度にし、基本的には聞き手の方を向いて話すよう心がけます。

謝辞原稿のポイントは？

お礼で始まりお礼で終わる

Q 原稿の構成はどう立てるの？

お礼と支援は必ず盛り込んで

謝辞には基本となる形式があります。フォーマルな場でのスピーチなので、ある程度は基本形式にのっとった原稿構成が望ましいでしょう。

スピーチの目的は列席者に向けて、来場のお礼、祝辞や祝儀のお礼など、感謝の気持ちを伝えることです。さらに親の立場から、今後の二人への支援をお願いする言葉も必ず伝えるようにしましょう。

Q 原稿作成のポイントは？

立場をわきまえ短くまとめる

謝辞は披露宴のお開きの直前に行います。ここでダラダラと時間をとっては、せっかくの披露宴の印象が悪くなることもあります。謝辞は長くても3分以内におさめることも大切です。

＜原稿のポイント＞

- 両家代表のあいさつであることを明確にし、両家のバランスがとれるように話す。
- 相手の親族も身内の扱いとなるので、過剰な敬語表現にならないように気をつける。
- 相手の親や新郎も謝辞を行う場合は、内容が重複しないように事前に確認を。

謝辞の基本構成

謝辞に必要な項目を盛り込みながら、列席者へのお礼と、親としての素直な心情を述べて自分らしさを出しましょう。

自己紹介	氏名と新郎新婦との関係を伝えます。両家代表の場合は、「両家を代表して」とひと言述べます。
列席者へのお礼	多忙な中、挙式・披露宴に列席してくれたことへのお礼を述べます。
媒酌人へのお礼（媒酌人を立てた場合）	媒酌人や結婚に関してお世話になった人へのお礼を述べます。
祝辞・余興へのお礼	新郎新婦への祝辞や、余興についてのお礼を述べます。
親としての心情	親として、新郎新婦への思いや結婚生活への願い、期待、披露宴の感想などを述べます。
今後の支援のお願い	列席者全員に、今後の新郎新婦への支援、助言、指導の助力を依頼します。
お詫び	宴席のもてなしの不行き届きを詫びます。
結び	列席者の健康と発展を願い、改めて礼を述べて締めくくります。

ポイント（自己紹介・列席者へのお礼）

自己紹介と列席のお礼の順は入れかわっても可。悪天候の場合は、列席のお礼を先に述べてもよいでしょう。

ポイント（親としての心情）

感傷的になって、心情を長々と語り続けないよう、話す内容は原稿に簡潔にまとめておきましょう。

ポイント（お詫び・結び）

お詫びの言葉は省略も可。列席者の健康と発展を願う言葉を伝えて、最後に改めてお礼の言葉を述べます。

新郎の父親

基本の謝辞 良縁を得られた喜びをこめて

約3分

新郎の父、相沢一郎でございます。相沢、鈴木両家を代表いたしまして、ひと言ごあいさつを申し上げます。

本日はご多用のところ、ご列席を賜り誠にありがとうございました。このたび、吉沢様ご夫妻のご媒酌によりまして、当家長男・雄介と、鈴木家次女・佳奈美、両名の結婚の儀が相整いました。吉沢様には、この場をお借りしまして、心より御礼申し上げます。

また、先ほどより心のこもったご祝辞を頂戴し、親としましてもこれほど幸せなことはございません。今ここに二人が晴れの日を迎えられたのも、ひとえに温かく見守ってくださった皆様のおかげと、改めて実感いたしております。頂戴した皆様からのご祝福は、これから末永く二人の心の支えとなることと存じます。新郎新婦になりかわり、厚く御礼申し上げます。

雄介と佳奈美さんは、2年の交際期間を経て今日の日を迎えました。同じ職場ということもあり、公私にわたりじっくりと結婚への道のりを進んでき

謝辞のポイント

謝辞は、2～3時間の長い披露宴のしめの部分です。だらだらした長いあいさつは嫌われます。長くても3分以内を目安にまとめましょう。

結び　お詫び　支援のお願い　親としての心情

たのだと思います。

雄介はどちらかというとあまり感情を表に出さないタイプで、親としては、これではよきパートナーに巡り合えないのではと案じていた頃もございました。そんな雄介が佳奈美さんを紹介してくれたとき、家内と二人で大喜びしたのを覚えております。それというのも、佳奈美さんはとても明るい女性で、息子にはもったいないくらいしっかりとしたお嬢さんだったからです。佳奈美さんとご縁をもてました雄介は、本当に幸せ者だと思っております。

これから二人で新しい家庭を築いていくわけでございますが、今日の感激を忘れず、互いに思いやりをもって歩んでいってほしいと願っております。

しかしごらんのように、まだ年若い二人でございます。ご列席の皆様には、お世話になることも多いかと思いますが、どうぞこれまで同様のご支援、ご指導を賜りますよう、心よりお願い申し上げます。

本日は不馴れなため、何かとご無礼や不行き届きな点がありましたことと思います。どうかお許しください。

ご列席の皆様のご健康とご多幸をお祈り申し上げまして、ごあいさつの結びとさせていただきます。

本日は誠にありがとうございました。

相手をほめるひと言を

自分の子どもだけでなく、バランスよく相手の人柄にもふれましょう。新婦の場合、天真爛漫、素直、温和などが、新郎には一本気、実直、正直、質実剛健、有言実行などの言葉がよく用いられます。

コラム

使ってはいけない言葉に注意

不幸や不仲、離婚を連想させる言葉などの「忌《い》み言葉」を使わないよう注意が必要です。ケーキを切る→ナイフを入れる、死ぬ→他界する、去年→昨年などという言葉にかえて表現をします。

新郎の父親

オーソドックスな謝辞

堅実な家庭を築いてほしい

L 約1.5分

自己紹介・お礼 | 親としての心情 | 支援のお願い・結び

ただ今ご紹介にあずかりました、新郎の父親、吉岡弘道でございます。はなはだ僭越《せんえつ》ではございますが、吉岡、広田両家を代表し、ひと言お礼のごあいさつを申し上げます。

本日はご多用のところ、このように多くの皆様にお集まりいただき、誠にありがとうございました。厚く御礼申し上げます。また先ほどより温かいご祝辞を賜り、親族一同、たいへん感激いたしております。いただいたお言葉のひとつひとつが、新郎新婦にとってかけがえのない宝となることと存じます。

今は結婚という人生の大きな門出に、喜びばかりが先行している二人でしょう。しかし山あり谷ありの人生です。親としましては、いかなるときもお互いを思いやり、しっかりと地に足をつけ、堅実に人生を歩んでいってほしいと願ってやみません。

皆様どうぞ、未熟な二人ではございますが、今後ともよろしくご指導、ご鞭撻《べんたつ》を賜りますよう心よりお願い申し上げます。

皆様のご健康とご発展をお祈りし、両家代表のごあいさつとさせていただきます。

本日はありがとうございました。

ポイント

親の立場から、新郎新婦への期待、希望などを盛りこんでもよいでしょう。そこから列席者への支援のお願いにつながるとスムーズです。

新郎の父親

オーソドックスな謝辞
会社関係者の多い披露宴で

L 約1.5分

自己紹介・お礼

新郎の父、小松泰三と申します。両家を代表しお礼のごあいさつを申し上げます。

本日は新郎彰浩と新婦桃子のためにお運びいただきまして、誠にありがとうございます。また、皆様より心温まるご祝辞や励ましのお言葉を賜り、厚く御礼申し上げます。

親としての心情

彰浩が相田物産に入社してから、今年で6年になります。入社当時は学生気分が抜けきれず、こんな気持ちで勤まるのだろうかと心配しておりました。しかし本日ご出席いただいているよき上司、先輩、同僚の皆様に恵まれ、社会人としての自覚を少しずつつけてきたように思います。

また仕事を通じて桃子さんという朗らかなお嬢さまと巡り合うこともできました。親としてこれほど嬉しいことはございません。あとはただ、二人で手を携えて、温かい家庭を築いてほしいと願うばかりです。

支援のお願い・結び

まだ家庭人としては新米の二人でございます。これまで同様のご支援を賜りますよう、心よりお願い申し上げます。

皆様の末永いご健康とご多幸をお祈りし、ごあいさつとさせていただきます。

本日はありがとうございました。

ポイント

仕事の内容にまでふれると、話題が新郎側に偏ってしまうので気をつけて。お世話になっているお礼にとどめるようにしましょう。

支援のお願い・結び　親としての心情　自己紹介・お礼

新郎の 父親

カジュアルな披露宴での謝辞 親の知らない息子の一面を知って

約1.5分

私は新郎の父、吉田哲也と申します。吉田、村上両家を代表し、ひと言ごあいさつを申し上げます。

本日は新郎和弘と新婦由香のためにお集まりくださいまして、誠にありがとうございます。また、たくさんの温かいお祝いの言葉を皆様より頂戴し、親の私までたいへん感激しております。心より御礼申し上げます。

先ほどからのご祝辞をうかがっていますと、息子の学生時代の様子や会社での一面など、初めて知ることがたくさんありました。親の知らない間に、子どもはどんどん成長しているものだと、親ばかながら実感しております。これからは夫婦となった由香さんをしっかりと守り、二人で温かい家庭を築いてほしいと願うばかりです。

どうぞ皆様、なにぶん若い二人でございます。これまで同様にご支援くださいますよう、心よりお願い申し上げます。

簡単ではございますが、これにてお礼のごあいさつとさせていただきます。

本日はご列席いただき、本当にありがとうございました。

ポイント

子どもの頃のことを思い出すと、感傷的になりがちなので、エピソードを加える場合は長々としたスピーチにならないように注意を。

新郎の父親

カジュアルな披露宴での謝辞
人とのつながりを大切にする夫婦に

L 約1.5分

自己紹介・お礼

本日はご多用のところ、昭洋、詩織の結婚披露宴にお運びいただき、誠にありがとうございます。私は新郎の父親、井川昭正と申します。

両家を代表し、ひと言お礼の言葉を述べさせていただきます。

先ほどより心のこもったご祝辞、楽しいマジック、そしてダンスなど、新郎新婦のために本当にありがとうございました。皆様のおかげでとてもすばらしい披露宴になりました。心よりお礼申し上げます。

親としての心情

このように素敵な方々と知り合い、おつき合いさせていただいている二人は、本当に幸せ者だと思います。今日の日の、皆様からの温かいメッセージをいつまでも忘れずに、人と人のつながりを大切にする夫婦になってほしいと願っています。

支援のお願い・結び

どうぞ皆様におかれましては、これまでとかわらぬおつき合いをいただきますよう、よろしくお願い申し上げます。

結びといたしまして、皆様のご多幸を心よりお祈り申し上げます。

本日は誠にありがとうございました。

ポイント

謝辞を述べる際は、一部の人の方だけを向かずに、会場全体を見渡すようにして全員に向けて話し、感謝の気持ちを伝えましょう。

新郎の 父親 新郎

オーソドックスな謝辞
幼なじみと結婚する場合

約3分

新郎の 父親

本日はご多用のところ、田中家次男・伸二郎、川原家長女・穂波の結婚披露宴にお運びくださいまして、心より御礼申し上げます。私は新郎の父、田中伸介でございます。ご列席の皆様に、ひと言お礼のごあいさつを申し上げます。

先ほどより、皆様から温かいお祝い、すばらしいアドバイスを頂戴し、親としてこれほど嬉しいことはございません。新郎新婦も深く心に刻みこみ、結婚生活への決意をあらたにしたことと思います。

伸二郎と穂波さんは幼なじみで、小さい頃からお互いの家を行き来しておりました。今でも、二人仲よく遊んでいる姿が懐かしく思い出されます。そんな穂波さんと伸二郎が結婚すると聞いたときには、本当に驚いたと同時に嬉しさがこみあげてまいりました。また川原家の皆様とは、これまでも家族ぐるみのおつき合いをさせていただいておりましたが、これから親戚としておつき合いできますことも、この上ない喜びでございます。これもひとえに、温かく二人の仲を見守ってくださった皆様のおかげでございます。本当にありがとうございました。

これからは今まで以上に仲よく、堅実な家庭を築いていってくれることと信じております。

ポイント

父親と新郎の両方があいさつする場合は、話が長くならないように注意しましょう。父親の謝辞に、新郎が今後の抱負とお礼の言葉を添える程度にするとよいでしょう。

支援のお願い・結び

どうぞ皆様には、今まで以上にご指導、お力添えのほど、よろしくお願い申し上げます。

本日は誠にありがとうございました。

お礼

心情と決意

支援のお願い・結び

新郎

皆様、私たちのためにお集まりいただき、誠にありがとうございます。また、たくさんのお祝いの言葉、励ましの言葉をいただき、感謝の気持ちで胸がいっぱいです。

本日、神前にて結婚を誓い、身が引き締まる思いがいたしました。幼い頃よりお互いのことをよく知った私たちではございますが、これまで以上にお互いを認め合い、支え合って歩んでいく所存でございます。

未熟な私たちではございますが、どうぞご指導、ご鞭撻《べんたつ》を賜りますよう、よろしくお願い申し上げます。

結びに、皆様のご健康とご発展を心よりお祈り申し上げます。

本日は誠にありがとうございました。

新郎の 父親 新郎

オーソドックスな謝辞
二人で協力して明るい家庭を

約3分

新郎の 父親

新郎の父、相崎誠人と申します。僭越《せんえつ》ではございますが、ひと言お礼のごあいさつをさせていただきます。

私どもの長男・和明、和田家次女・玲奈の門出に、かくも大勢の方々にご参集いただき、心より御礼申し上げます。おかげさまをもちまして、結婚披露宴をつつがなくとり行うことができました。これもひとえに、皆様のご厚情の賜物《たまもの》と存じます。そのうえ、先ほどからお心のこもったご祝辞を頂戴し、両家親族一同、この上ない喜びでございます。厚く御礼申し上げます。

先ほどご紹介がございましたように、和明と玲奈さんは自動車教習所で知り合いました。本当にご縁というのはどこにあるのかわかりません。玲奈さんが先に免許を取得し、それから2カ月遅れて息子が取れたとのことで、よく二人でドライブに出かけておりました。

今日、夫婦となり、進んでいくこれからの道のりは、上り坂あり下り坂ありと、決して平坦な道ばかりではないはずです。でも、いつのときも二人力を合わせ、4つの目で周囲を見渡し、どのような道も安全運転で進んでいってほしいというのが親の願いでございます。

皆様方には、どうぞこれまで同様のご支援を賜りますよう、よろしくお願い申し上げます。

ポイント

父親と新郎の背の高さが違うときには、スタンドマイクの高さを調節しなくてはなりません。事前にスタッフに確認をしておくと本番であわてないですむでしょう。

支援のお願い・結び

皆様の末永いご健康とご多幸をお祈り申し上げ、お礼のごあいさつとさせていただきます。
本日は誠にありがとうございました。

お礼

新郎

本日は私たちの結婚披露宴にお越しくださいまして、誠にありがとうございました。
また、先ほどからご祝辞やご教訓をたくさん頂戴し、感謝の気持ちでいっぱいでございます。

心情と決意

今日、お世話になった大勢の方々にお目にかかり、お声をかけていただきました。今まで私たち二人はなんとたくさんの方々に支えられてこれまで過ごしてきたのだろうと、今さらのように実感いたしております。これから夫婦として、皆様のご期待に添えるよう、しっかりと協力をして明るい家庭を築いてまいりたいと存じます。

支援のお願い・結び

未熟な私たちではございますが、皆様方にはこれからもよろしくご指導、ご鞭撻《べんたつ》を賜りますよう、心よりお願い申し上げます。
本日は誠にありがとうございました。

新郎の 父親 新郎

カジュアルな披露宴での謝辞
新居にぜひ遊びに来てください

約3分

自己紹介・お礼　親としての心情　支援のお願い・結び

新郎の 父親

新郎の父、小泉昭三でございます。両家を代表し、ひと言お礼のごあいさつを申し上げます。

本日は連休の中日にもかかわらず、ご列席を賜り、誠にありがとうございます。このように大勢の皆様に囲まれて披露宴を行うことができました二人は、とても幸せ者だと思います。また、先ほどよりお心のこもった祝辞なども頂戴し、親の私まで胸がいっぱいになりました。

私どもの家庭は、3世代が同居する大家族でございます。そんな中で育ったものですから、翔太はいつも身の周りに誰かいるのが当たり前だと思っているようです。しかし、そんな当たり前のことほど、守っていくための努力が必要なのです。これから亜由美さんと夫婦となり、新しい家庭を築いていくわけですが、どうかお互いを思いやり、人の多く集まる、温かい、自分たちらしい家庭をつくっていってほしいと願っております。

どうぞ皆様、至らないところがたくさんある新米夫婦ではございますが、これまで同様、ご支援を賜りますよう、よろしくお願い申し上げます。

本日は誠にありがとうございました。

ポイント

自分の育った環境だけを伝えるのではなく、それに対して新婦がどう思っているのかも加えると、両家にとってバランスのとれたスピーチ内容になります。

お礼 | 心情と決意 | 支援のお願い・結び

新郎

本日はご多用のところ、私たちの結婚披露宴にお越しくださいまして、ありがとうございます。

たくさんのお祝いの言葉や激励の言葉、私たちは生涯忘れることなく、心の支えとしてまいります。皆様、本当にありがとうございました。

先ほど父が申しましたように、私は大家族で育ちました。亜由美さんは大家族の一員になることを望んだのですが、二人でよく相談し、まずは自分たちで一から始めたいと思い、吉祥寺に新居を構えることにいたしました。

何でも話ができる笑顔のあふれる家庭を築いてまいります。どうぞ皆様、お近くにお越しの際は、ぜひお立ち寄りください。心よりお待ちしております。

そして私たち新米夫婦に、お力添えをくださいますようお願い申し上げます。

ご列席の皆様のご健康とご多幸をお祈り申し上げ、お礼のごあいさつとさせていただきます。

本日は誠にありがとうございました。

新郎の 母親

オーソドックスな謝辞

父親が他界している場合

L 約1.5分

自己紹介・お礼

新郎の母、石渡規子でございます。父親が他界しておりますので、かわりに私が両家を代表いたしましてひと言お礼のごあいさつを申し上げます。

本日は、ご多用のところ石渡正敏、吉沢絵美の結婚披露宴にお運びくださいまして、誠にありがとうございます。また、先ほどよりたくさんの愛情あふれるご教訓を賜り、心より御礼申し上げます。

親としての心情

主人は正敏が中学生のときに他界いたしました。それからは残された正敏をしっかりと育てることで精いっぱいでございました。今日のような晴れやかな日を迎えることができ、ようやく肩の荷がおりた思いでございます。

支援のお願い・お詫び・結び

未熟な二人ではございますが、どうぞ末永く、よろしくご指導ご鞭撻《べんたつ》を賜りますよう、心よりお願い申し上げます。

本日は不馴れなため、不行き届きの点もあったかと存じます。この場をお借りしてお詫び申し上げます。皆様のご多幸をお祈りし、お礼のごあいさつとさせていただきます。

誠にありがとうございました。

ポイント

母親としての苦労話を話すと、長くなりがちです。簡単にふれる程度はかまいませんが、列席者へのお礼の言葉と新郎新婦への支援のお願いを中心に構成しましょう。

新郎の 母親

オーソドックスな謝辞
父親が病気療養中の場合

L 約1.5分

自己紹介・お礼 | 親としての心情 | 支援のお願い・お詫び・結び

新郎の母、上野幸恵でございます。本来ならば夫がごあいさつをするところですが、先週、体調を崩し入院いたしましたため、かわりにごあいさつをさせていただきます。

本日はお足元の悪い中を、このように大勢の皆様にご列席いただきまして、誠にありがとうございます。また、先ほどから皆様には、過分なお言葉を頂戴し、親としてこれほど嬉しいことはございません。新郎新婦になりかわり、厚く御礼申し上げます。

哲也は小さい頃から自由奔放なところがあり、いつになったら落ちついてくれるのかと心配しておりました。でも志乃さんのような、しっかりとしたお嬢さんと晴れて夫婦となることができ、本当に安心いたしました。主人もとても喜んでおります。これからは哲也も守るべき人ができたのですから、家庭人として自覚をもって歩んでいってくれることと思います。

とは申しましても、まだ若い二人でございます。どうぞ末永く、ご指導、ご鞭撻を賜りますよう、よろしくお願い申し上げます。

本日は何かと不行き届きがあったかと存じますが、どうぞお許しください。

皆様、本日は誠にありがとうございました。

ポイント

父親が入院中である場合、なぜ入院しているかなどの説明をする必要はありません。列席者によけいな心配をかけるような発言をしないように気をつけましょう。

新郎の
母親

カジュアルな披露宴での謝辞
これからは息子をお願いします

L
約1.5分

自己紹介・お礼
親としての心情
支援のお願い・お詫び・結び

ただ今ご紹介いただきました、新郎の母、松岡雅恵と申します。ご存知のように夫は祐樹が小学生のときに他界しておりますので、松岡家、飯田家、両家を代表しまして、ふつつかですがお礼を申し上げます。

本日はご多用のところ、またお寒いところお運びいただきまして、誠にありがとうございます。このようにたくさんの皆様に祝福されて、夫婦となる祐樹と真奈美さんは、本当に幸せ者です。

親からすると子どもはいつまでたっても子どもで、どうしてもあれこれ世話をやいてしまっておりました。でも、今日からは真奈美さんにおまかせしたいと思います。祐樹もしっかりと家庭を守るために力を尽くすこと。そして二人で力を合わせ、温かく居心地のよい家庭を築いてほしいと願っています。

どうぞ皆様、二人に末永くお力をお貸しくださいますよう、心よりお願い申し上げます。

本日は馴れない宴席にて、なにかと行き届かないことがあったことをお詫びいたしまして、簡単ですがごあいさつとさせていただきます。ありがとうございました。

ポイント

息子のことを語るときは、できるだけさらりとした表現で。こんなこともあった、あんなこともあったと、とりとめもなく話が長くならないように気をつけましょう。

新郎の母親

カジュアルな披露宴での謝辞
皆様の祝辞に胸がいっぱいになりました

L 約1.5分

自己紹介・お礼

本日は石田伸也と小田聖子の結婚披露宴にお集まりくださいまして、誠にありがとうございます。私は伸也の母、珠代と申します。両家を代表いたしまして、ひと言ごあいさつを申し上げます。

先ほどより心温まるお言葉や、先輩方からのアドバイス、そして激励など、たくさんのご祝辞をいただきました。私の知らない息子の一面を教えてくださった方もいらして、とても楽しませていただくと同時に、身に余る幸せで胸がいっぱいでございます。本当にありがとうございます。

親としての心情

今日の日の喜びを忘れることなく、二人にはこの先の人生を手に手をとって歩んでいってほしいと願っております。

支援のお願い・結び

皆様、今後もこの若い二人に、かわらぬご支援を、どうぞよろしくお願い申し上げます。

結びといたしまして、皆様のご多幸を心よりお祈り申し上げます。

本日は誠にありがとうございました。

ポイント

最近では離婚やシングルマザーは珍しいケースではありません。それなりの苦労話を語るなどのケースを除いては、父親がいない理由にとくにふれる必要はありません。

新婦の
父親

オーソドックスな謝辞
新郎の父親が他界している場合

L
約1.5分

自己紹介・お礼

ただ今ご紹介にあずかりました、新婦の父親、愛川健介でございます。僭越《せんえつ》ながら河合、愛川両家を代表いたしまして、ひと言お礼のごあいさつを申し上げます。

本日は純一、真菜の結婚披露宴にご臨席を賜りまして、誠にありがとうございます。また先ほどより身に余るご祝辞、ならびに激励のお言葉を頂戴し、両人、両家にとりましてこの上ない喜びと存じ、厚く御礼申し上げます。

親としての心情

純一さんは、実直で芯の太いたのもしい男性です。純一さんのお父上がご存命ならば、今の姿をご覧になってさぞや喜ばれることでしょう。世間知らずの娘ではございますが、純一さんにならば安心してお任せすることができます。どうか末永く、娘をよろしくお願いいたします。

支援のお願い・お詫び・結び

皆様におかれましては、どうぞこの若い両名に、これまで同様のご指導、ご鞭撻《べんたつ》を賜りますよう、心よりお願い申し上げます。

本日は、不行き届きの点があったかと存じますが、どうかご容赦ください。ご臨席の皆様のご健康、ご発展を祈念いたしまして、私のごあいさつにかえさせていただきます。

本日は誠にありがとうございました。

ポイント

新郎の父親が他界していることは、皆さん承知のことなので、改めてスピーチの中で詳しく説明する必要はありません。

新婦の 父親

オーソドックスな謝辞 婿養子となり店を継ぐ場合

約1.5分

支援のお願い・お詫び・結び | 親としての心情 | 自己紹介・お礼

新婦奈々子の父、相田正平でございます。はなはだ僭越ではございますが、村岡、相田両家を代表いたしまして、ひと言ごあいさつを申し上げます。

本日はご多用のところ、正春、奈々子の結婚披露宴にご列席賜り、誠にありがとうございます。また先ほどより、お心のこもったご祝辞、ご訓戒を頂戴し、たいへん感激しております。

私どもが営みます相田製麺店は私で3代目ですが、息子がおりませんので、この店も私の代までと思っておりました。しかし食品メーカーに勤務されていた正春さんが、奈々子と一緒にこの店を受け継いでくれることとなり、たいへんありがたく天にも昇る思いでございます。また、このご決断にご理解くださった正春さんのご両親に、改めてお礼申し上げます。

どうぞご列席の皆様には、4代目の若い夫婦に、これまで以上のご指導、ご鞭撻を賜りますよう、心よりお願い申し上げます。

本日は粗酒粗肴《そしゅそこう》のおもてなしとなり、誠に失礼をいたしました。ご列席の皆様のご健康、ご多幸を祈念いたしまして、お礼のごあいさつとさせていただきます。

本日は誠にありがとうございました。

ポイント

家業を継ぐ場合は、そのお披露目もかねて列席者に報告を。また、婿に入る場合は、新郎側の両親への感謝の言葉も添えるとていねいです。

新婦の 父親

カジュアルな披露宴での謝辞 娘を手放す寂しさが喜びに

約1.5分

自己紹介・お礼 / 親としての心情 / 支援のお願い・結び

新婦の父親、石井竜彦でございます。本来ならば、新郎のお父上がごあいさつをするところですが、あいにく病気療養中のため、不肖私がかわって村松、石井両家を代表いたしまして、ひと言お礼を申し上げます。

本日はご多用のところご列席を賜り、誠にありがとうございます。また、先ほどより皆様には過分なお言葉を頂戴し、このうえない喜びでございます。

娘が初めて祐樹くんを連れてきたとき、私はとうとうこの日がやって来たと、なんとも言葉にならない複雑な気持ちでした。娘が生まれた瞬間から、父親は少なからず覚悟はしているもの の、いざ20数年一緒に過ごしてきた娘を手放すのは実に寂しいものです。

でも、祐樹くんと何度か一緒にすごしていくうちに、ユーモアがあり誠実な人柄に私もほれこみ、この人物なら娘を安心して託すことができると思えるようになりました。

これから夫婦となり、新しい家庭を築いていく二人に、どうぞ格別のご支援を賜りますよう、心よりお願い申し上げます。

本日は誠にありがとうございました。

ポイント

両家の両親がそろっているにもかかわらず、誰かが欠席している場合は、ひと言その理由の説明を加えておくとよいでしょう。

新婦の 父親

カジュアルな披露宴での謝辞
共働きに理解ある相手に感謝をこめて

L 約1.5分

自己紹介・お礼

ただ今ご紹介いただきました、新婦の父、井上和明でございます。新郎のお父上が他界されておりますので、僭越《せんえつ》ながら両家を代表し、ごあいさつさせていただきます。

本日はご多用の折にもかかわらず、新郎新婦のためにご足労いただきまして、誠にありがとうございます。また多くのご祝辞、激励のお言葉を頂戴し、厚く御礼申し上げます。

親としての心情

友里香は子どもの頃から希望していた看護師になり、ようやく今年で5年目になります。実際の仕事ぶりについて私はよくは知りませんが、毎日生き生きと仕事に出かけていくところを見ると、充実した日々を送っているように存じます。看護師の仕事は夜勤もあり、妻としてご不便をかけることが多いと思います。でも恭平さんはそんな友里香の仕事を理解してくださり、さらには仕事を応援してくれていると聞き、親として本当によいパートナーと出会えたことを嬉しく思っております。

支援のお願い・結び

皆様には、いろいろとお力添えを賜ることも多いかと存じますが、なにとぞよろしくお願い申し上げます。

皆様のご多幸をお祈り申し上げ、ごあいさつとさせていただきます。

ポイント

新婦が仕事を続けることは珍しいことではありませんが、特殊な勤務時間などの場合は、新郎側の両親や親族に理解を求める意味でもふれておくとよいでしょう。

新婦の
母親

オーソドックスな謝辞
母としての願いをこめて

新婦の母、吉田早苗でございます。本日は新郎のお父上が急な海外出張中でご欠席のため、両家を代表し、ひと言お礼を述べさせていただきます。

本日はご多用の中を、遠路お運びくださいまして誠にありがとうございます。皆様からいただいた温かいご祝辞は、二人にとってかけがえのない大切な宝になると存じます。二人になりかわり、心より御礼申し上げます。

花奈の父親は早くに他界したため、ずいぶん寂しい思いをさせてしまったように思います。教師という私の仕事を理解し、小学生の頃から家のことなどを本当によく手伝ってくれました。花奈がいてくれたから、私も頑張ってこられたように思います。そんな娘が、拓馬さんという、おおらかでやさしさのあふれる方と結ばれることができ、親としてこれほど嬉しいことはございません。月並みではございますが、これからは幸せな家庭を築いてほしいと願うばかりです。

どうぞ若い二人にお力添えくださいますよう、心よりお願い申し上げます。本日は不馴れなため、不行き届きのことも多かったかと存じますが、どうぞお許しください。

本日は誠にありがとうございました。

約1.5分

ポイント

母親の謝辞では、堅苦しい言葉づかいを無理にすることはありません。自分の言葉で心をこめて、列席者へのお礼の気持ちを伝えましょう。

新婦の 母親

カジュアルな披露宴での謝辞
娘をよろしくお願いします

約1.5分

自己紹介・お礼

大西昌枝でございます。新婦の母として、ひと言お礼のごあいさつを申し上げます。
本日はご多用中のところ、このように多くの皆様にお運びいただきまして、本当にありがとうございます。皆様からの愛情のこもったご祝辞を先ほどからうかがっていて、胸が熱くなる思いでございます。

親としての心情

幸司さんと娘は、高校からのおつき合いで、その頃からきっと娘は幸司さんと結婚するんだろうなと予感しておりました。幸司さんと一緒にいるときの娘は、本当に飾りけがなく、素直な自分を出せているように感じたからです。幸司さんとならば、綾香はやすらげる家庭が築けると信じております。

支援のお願い・結び

幸司さん、どうぞちょっとのんびり屋の娘ですが、末永くよろしくお願いします。また大山家の皆様、ふつつかな娘ですが、かわいがっていただきますよう、心よりお願い申し上げます。
ご列席の皆様には、これからもお世話になりますが、どうぞ今までと同様に、よろしくご支援を賜りますようお願い申し上げます。
本日は誠にありがとうございました。

ポイント

新郎だけでなく、新郎の家族や親族に向けても、ひと言お願いの言葉を添えておくと、母親としての気持ちがよく伝わります。

新郎の父親
新婦の父親

オーソドックスな謝辞
お互いを理解し、成長していってほしい

L 約3分

親としての心情 / 自己紹介・お礼

新郎の父親

本日は猛暑の中、このように多くの方々にお運びいただきまして、誠にありがとうございます。私は新郎の父親、松田元也と申します。

本日、私どもの長男・洋介と酒井家長女・奈々子さんの婚姻が無事調いました。多くのお力添えをいただいた皆様に、この場をお借りして厚く御礼申し上げます。また、先ほどより身に余るご祝辞を賜り、私ども親としてもこの上ない喜びでございます。新郎新婦になりかわり、お礼申し上げます。

皆様もご承知のように、洋介と奈々子さんは大学の同じゼミで知り合いました。洋介は、ゼミの研究を一緒に進めるうちに、まじめで何事にもていねいにとりくむ奈々子さんにひかれていったと言っておりました。どちらかというと、猪突猛進《ちょとつもうしん》タイプの息子には、これほどふさわしいお嬢さんはほかにはいないと、私どももこの良縁を心より嬉しく思っております。

これから夫婦として生活をしていくうちには、ときには大きな壁にぶつかることもあることでしょう。でもこの二人ならば、ぴったりと息の合った二人三脚で乗り越えていってくれるだろうと信じております。

ポイント

新郎と新婦の両方の親があいさつをするケースでは、内容が似かよったりしないよう、あらかじめ相談をしておくようにしましょう。

新婦の父親

新婦の父、酒井明俊でございます。

本日は二人の門出にご臨席賜り、心より御礼申し上げます。

ただ今のお話にございましたように、奈々子は大学時代に洋介さんとおつき合いを始めたわけですが、6年におよぶ交際期間を経て、晴れて今日の日を迎えることができました。これはひとえに研究室に残りたいという娘のわがままを理解し、支えてくださった洋介さんのやさしい気持ちのおかげだと思っております。

ようやく洋介さんに娘をたくすことができ、私どもは本当にほっとしております。

夫婦でいちばん大切なのは、お互いを思いやる気持ちです。今のこの晴れやかな気持ちを生涯忘れずに、夫婦として成長していってほしいと願っております。

どうぞ皆様、まだ若い二人でございますので、これからもご指導、ご鞭撻《べんたつ》を賜りますよう、よろしくお願い申し上げます。

結びとしまして、皆様のご健康とご発展をお祈り申し上げ、ごあいさつとさせていただきます。

本日は誠にありがとうございました。

column 2

スピーチでのトラブル対処法

十分に準備をしていっても、当日マイクの前に立つと様々なアクシデントにみまわれることがあります。いざというときにあわてないよう、事前にいろいろなケースを想定して対策をねっておきましょう。

名前を間違えてしまった

緊張して名前を間違えてしまった場合、その場で「あまりの緊張でたいへん失礼をいたしました」と、間違えを認めてしまうとよいでしょう。固有名詞やキーワードはメモして、手に持っていると安心です。

緊張して声がふるえる

緊張して声がふるえるのは仕方のないこと。落ちつこうとあせるとよけいパニックに。スピーチの前に大きく深呼吸をして臨みましょう。また事前に、家族の前などで声を出してスピーチの練習をしておくことも大切です。

時間を短くといわれた

謝辞は披露宴の最後のあいさつなので、それまでの時間がおしてしまっていると短くせざるを得ないことも。ただし、いくら短くても列席者へのお礼、新郎新婦への支援のお願いだけは必ず伝えます。そのほかの心情の部分は「お時間もせまってまいりますので省きますが、なにとぞ若い二人にかわらぬご支援を賜りますよう……」というようにつなげるとよいでしょう。

同じ語を使われてしまった

慣用句などを準備しているときに、ほかの人が同じ表現を使ってしまった場合は、「先ほど○○さんがおっしゃっていらしたように……」として、自分の言葉で伝えれば大丈夫です。また事前にほかの言葉と差しかえられるよう、慣用句やことわざ、名言などを用いて原稿を作ったときには、ほかの案も準備しておいてもよいでしょう。

PART 3

言いかえ可能なパート別文例集

文例集を上手に使うには?

形式にそって組み立ててからアレンジを

Q 謝辞原稿のしくみとフレーズは?

定番の言葉を上手につなぐ

謝辞にはお礼の言葉や支援のお願いなど、形式にのっとって述べるべきフレーズと、自分の言葉を加えて心情を語る部分があります。

形式にそうべき部分は崩さずにきちんと組み立てましょう。さらに形ばかりの印象を与えないよう、心情の部分でエピソードや親としての希望などを簡潔にまとめ、謝辞に自分らしさを出すとよいでしょう。

パート別文例集の使い方のポイント

自己紹介	列席者へのお礼	媒酌人へのお礼	祝辞・余興へのお礼
自分の氏名と新郎新婦との続柄を最初に述べ、その次に、両家代表としての謝辞であることを明確に伝えます。代理の場合は、その理由を簡単に述べてもよいでしょう。	ご列席、ご臨席、お運び、ご足労など、同じ意味を持つ言葉でもいろいろあります。自分のいちばん使いやすい言葉を選び、心をこめて伝えるようにしましょう。	媒酌人がいる場合は、この場で改めてお礼を伝えます。このフレーズは、謝辞の最後につけ加えてもよいでしょう。	列席者の祝辞や余興のおかげで、すばらしい披露宴になったことを伝えます。当日に印象深い余興があったときには、それを謝辞の内容につけ加えて感想を述べる方法もあります。

Q フレーズ集の上手な使い方は？

全体の流れを最後にチェック

形式にそって、フレーズ集を組み合わせていきます。その際、言葉がスムーズに流れているか確認を。たとえば「ありがとうございます」が続くようなら、「感謝申し上げます」という表現に変えるなど、多少のアレンジを加えます。

原稿ができあがったら、家族に聞いてもらい、聞きづらいところがないかチェックしてもらいましょう。

親としての心情	今後の支援のお願い	お詫び	結び
このパートは人それぞれなので、そのまま使うのではなく、ある程度は自分のケースに合わせた調整が必要です。子どもの頃のエピソードや相手への印象、二人への願いなどをアレンジして使うようにしましょう。	このパートは、ほとんど決まった言いまわしになります。ご支援、ご指導、ご鞭撻《べんたつ》、お力添えなどを列席者にお願いします。どの言葉を使うかは、自分の言いやすさや、場の雰囲気などを考慮して選びましょう。	大勢の列席者を招いての披露宴は、誰にとっても不馴れなものです。不行き届きの点があった場合に備えて、お詫びの言葉を添えるとていねいです。ただしスピーチが長くなるようならば省いてもかまいません。	最後にもう一度、お礼を述べて謝辞を終えます。その前に、列席者の健康やご多幸、発展などを願う言葉を添えてもよいでしょう。ほぼ形が決まっているパートなので、前文からスムーズにつながる文例を選びましょう。

自己紹介の文例集

スピーチの最初に、自分の立場と名前を伝えましょう。

・オーソドックスに

私は新郎の父、木村和仁と申します。はなはだ僭越《せんえつ》ではございますが、お礼の言葉を述べさせていただきます。

新郎の父親、小笠原誠一と申します。ご列席の皆様にひと言、お礼のごあいさつを申し上げます。

新郎、幸弘の父、前田幸信でございます。不調れではございますが、ひと言ごあいさつを申し上げます。

大杉義春と申します。新郎の父親といたしまして、ひと言お礼のごあいさつを述べさせていただきます。

・紹介を受けて

ただ今ご紹介にあずかりました、新郎の父、酒井道治でございます。僭越ではございますが、ひと言お礼のごあいさつを申し上げます。

ご紹介いただきました、井川道弘でございます。新郎の父親として、ご列席くださいました皆様にひと言お礼のごあいさつを申し上げます。

両家を代表して

私は新郎、雄平の父、岡本雄次郎でございます。誠に僭越ではございますが、岡本、金田、両家を代表いたしまして、ひと言ごあいさつをさせていただきます。

新郎の父親、和田幸平でございます。両家を代表し、皆様にひと言、お礼の言葉を述べさせていただきます。

新婦の父親、蒲田新次郎でございます。吉原、蒲田家を代表し、不調法ではございますがお礼のごあいさつを申し上げます。

私は新郎の父、浪岡重光と申します。浪岡、田中、両家を代表いたしまして、ご列席の皆様にひと言お礼のごあいさつを申し上げます。

代理として

新郎の母、小松真弓でございます。ふつつかではございますが、両家を代表し、ひと言ごあいさつ申し上げます。本来ならば、主人がごあいさつ申し上げるところですが、急な出張のため昨日ロンドンに向かいました。不在の失礼をどうぞお許しください。

新婦の父、渡辺俊介でございます。新郎のお父上が病気療養中のため、僭越ではございますが、お父上になりかわり、吉田、渡辺両家を代表いたしまして、ひと言お礼の言葉を述べさせていただきます。

新婦、弥生の父親の石田一郎でございます。新郎のお父上が2年前に他界されておりますので、僭越ながら私より、ひと言お礼のごあいさつを申し上げます。

列席者へのお礼の文例集

ほぼ決まった言い回しなので、名前をかえて使えます。

・オーソドックスに

本日は新郎智久、新婦真理恵のためにお運びいただきまして、誠にありがとうございます。

本日はご多用中にもかかわらず、新郎新婦のためにお集まりいただきまして、誠にありがとうございました。

本日は新郎新婦の門出に際し、このように大勢のご列席を賜りまして、心より御礼申し上げます。

本日はご多忙のところ、一郎、美和の結婚披露宴にご臨席いただきまして、誠にありがとうございます。

皆様、本日はご多用の折にもかかわらず、大塚、山本両家の結婚披露宴にご来席を賜りまして、厚く御礼申し上げます。

本日は山崎家長男・雄一郎、岡田家次女・江梨香の門出に際し、このように大勢の皆様にご足労いただきまして、誠にありがとうございます。

本日はせっかくの休日を返上いただいてのご来席、誠にありがとうございます。両家親族一同、心より御礼申し上げます。

本日はご多用にもかかわらず、このように大勢の皆様にお集まりいただき、誠にありがとうございました。

●気候にふれて

本日はお足元の悪い中をお運びくださいまして、誠にありがとうございます。

春たけなわの行楽日和に、かくも大勢の方々にご列席賜り、お礼の言葉もございません。

新緑のさわやかなこの佳き日に、貴重な休日を返上してお集まりいただき、誠にありがとうございます。

暑さの厳しい中を、お越しいただきまして、誠にありがとうございます。

まれにみる酷暑の中を、新郎新婦のために遠路はるばるご足労いただきまして、誠にありがとうございます。

澄み渡った秋晴れの日に、このような大勢の方々にお越しいただき、誠にありがたき幸せでございます。

初雪のニュースが流れる肌寒い中を、ご列席いただきまして、誠にありがとうございます。

あいにくの雪模様となってしまいましたが、このように大勢の方にご列席いただき、感謝の気持ちでいっぱいでございます。

立春を過ぎたとはいえ、まだ厳しい寒さが続く中、健史、有紀の結婚披露宴にお集まりいただき、誠にありがとうございます。

●会場の様子にふれて

両家の中間地点での披露宴ということで、遠方より多数の皆様にお越しいただきました。心より御礼申し上げます。

本日は、軽井沢での結婚式にもかかわらず、皆様には遠路おいといなく、多くの方々にご来臨賜りました。両家親族一同、心よりお礼申し上げます。

本日は吉川物産株式会社の皆様をはじめ、大勢の方々が新郎新婦のためにお集まりくださいました。親としてこれほど嬉しいことはございません。心より御礼申し上げます。

本日は親しい方々にお集まりいただき、大変アットホームで思い出深い披露宴となりました。皆様、誠にありがとうございました。

本日はかくも大勢の皆様にご臨席を賜り、誠にありがとうございました。おかげさまをもちまして、勇太郎、沙希の結婚披露宴を盛大にとり行うことができました。心より御礼申し上げます。

本日はご多用のところ、ご列席を賜り、誠にありがとうございました。皆様のおかげでたいへんにぎやかな結婚披露宴となりました。厚く御礼申し上げます。

媒酌人へのお礼の文例集

媒酌人に対するお礼は、その方の名前をあげてていねいに。

・オーソドックスに

この晴れの日を迎えられましたのは、ひとえにご媒酌人の鎌田様ご夫妻のご尽力によるものです。この場をお借りして、心よりお礼申し上げます。

また、本日ご媒酌の労をおとりいただきました横山様ご夫妻には、たいへんお世話になりました。この場より厚く御礼申し上げます。

高橋様ご夫妻には、ご媒酌の労をおとりいただきました。厚く御礼申し上げます。

ご媒酌人の大木様ご夫妻には、多大なるご尽力をいただきました。心より御礼申し上げます。

本村家長男・駿介、西川家長女・弘美の婚礼が整い、本日めでたく夫婦となることができました。これまでお導きくださいました媒酌人の鮫島様ご夫妻には、たいへんなお力添えを頂戴いたしました。心より御礼申し上げます。

また、本日ご媒酌の労をおとりいただきました、新郎の恩師、梶川様ご夫妻には、ひとかたならぬご芳志《ほうし》を賜りました。この場をお借りしまして、厚く御礼申し上げます。

このような良縁を結んでくださいましたのは、ご媒酌人の上田様ご夫妻のご高配のおかげでございます。謹んで御礼申し上げます。

祝辞・余興へのお礼の文例集

列席のお礼とは別に、祝辞や余興へのお礼も伝えましょう。

●オーソドックスに

先ほどより心のこもったご祝辞や激励の言葉を頂戴し、誠にありがとうございます。

新郎新婦に対して、たくさんのお祝いや励ましを頂戴しまして、私まで感激しております。皆様のご厚情、心よりお礼申し上げます。

本日、皆様から賜りました温かなご祝辞は、新郎新婦にとりまして、かけがえのない宝だと存じます。新郎新婦になりかわりお礼申し上げます。

本日は皆様より温かいお言葉や励ましのお言葉を頂戴いたしました。新郎新婦はもとより、私どももたいへん感激し、胸がいっぱいでございます。

皆様には、分に過ぎたおほめの言葉や激励の数々、誠にありがとうございます。新郎新婦にとりましては何よりのはなむけでございます。

皆様には、先ほどより心のこもったご祝辞、ご訓戒をいただき、誠にありがとうございます。親としましても、これに勝る感激はございません。

先ほどより、皆様から心強いアドバイスを頂戴し、新郎新婦も決意をあらたにしたようです。お心づかい、誠にありがとうございます。

新郎新婦のために、お心のこもったご祝辞、ご教訓を数多く賜り、両人のみならず、私たち親族にとりましても身に余る光栄でございます。

余興や手伝いにふれて

心のこもったお祝いの言葉や楽しい余興など、皆様のお心づかいに感謝の気持ちでいっぱいでございます。新郎新婦をはじめ、両家親族一同、厚くお礼申し上げます。

先ほどより温かいご祝辞を頂戴し、誠にありがとうございました。皆様のご支援のおかげをもちまして、このような盛大な披露宴にすることができました。新郎新婦は今日の日の感激を生涯忘れることはないでしょう。

お心のこもったご祝辞を賜り、誠にありがとうございました。また受付や司会、案内などを快く引き受けてくださった同僚の皆様、すばらしい余興で披露宴を盛り上げてくださった方々、皆様のおかげで、二人はこの素晴らしい門出を迎えることができました。心よりお礼申し上げます。

ご列席の皆様には、数々のご祝辞、激励のお言葉などを賜り、誠にありがとうございました。また、本日の司会進行をしてくださった磯辺様、三輪様、受付や演出などでお力添えくださった皆様、歌やダンスで宴を盛り上げてくださった皆様、本当にありがとうございました。

ご列席の皆様には、先ほどより温かいご祝辞を賜り感謝の念にたえません。また本日のお料理は新婦の恩師である松坂幸次郎シェフによるオリジナルでございます。松坂様、誠にありがとうございます。

親としての心情の文例集

自分らしさを出すパートです。
題材をヒントにアレンジを。

・子どもの頃のエピソード

兄弟げんかでいつも泣かされていた末っ子

子どもの頃はゲームの勝ち負けなど、ささいなことでとっくみ合いの兄弟げんかをしておりました。いつも泣かされていた末っ子の和弘が、まっ先によき伴侶を得るとは思ってもおりませんでした。

健康第一が自慢の息子

小さい頃、息子はいつも外で元気に遊んでいました。健康第一ということで育ててまいりましたので、今でも体だけは丈夫で何でも食べる、それがいちばんの自慢でございます。岡崎家の皆様には、野生児のように思われるかもしれませんが、恵美子さんを全力で守ると申しておりましたので、どうぞ長い目で見てやってほしいと存じます。

心のやさしいわんぱく息子

達也は小学校の頃からわんぱくな子どもで、野球のヘッドスライディングで大けがをしたり、学校でけんかをして先生によばれたりと、本当にいろいろと手を焼かされました。でもやさしいところもあって、道に迷っているおばあさんを交番まで案内したり、公園で泣いている子がいれば、一緒に遊んで笑顔にしてあげたりと、そんな一面もある子でした。

先日、由香里さんに達也のどこがよくて結婚する気になったのかをたずねたところ、「やさしいところ」と言ってくれました。達也の内面をよくわかってくれている由香里さんとならば、夫婦となり、二人で温かい家庭を築けると確信いたしております。どうぞぶっきらぼうな息子ではございますが、末永くよろしくお願い申し上げます。

人見知りだった息子がたくましく成長

小さい頃の息子は、とても人見知りが激しく、母親の後ろに隠れてしまうような子どもでした。しかし小学校1年のときにボーイスカウトに入団し、さまざまな活動を通じて、親が言うのもおこがましいのですが、とてもたくましく成長したように存じます。

今日からは守らねばならない大切な人ができたわけですから、しっかりと責任をまっとうして、啓子さんと力を合わせて温かい家庭を築いていってほしいと願っています。

幼なじみの新婦にふれて

先ほどのお話にもありましたように、二人は幼稚園の頃からの仲でございまして、大塚家の皆様とは20数年家族づき合いをさせていただいております。

まだ幼稚園の頃、愛らしい声で由香ちゃんが、「けいくんのお嫁さんになってあげる」と言ってくれていたのを思い出します。そしてその言葉のとおり、息子と結婚し、娘になってくれるとは、夢が正夢になったとしかいいようがございません。

電車好きの子どもとの思い出

子どもの頃の息子は電車が大好きで、休日には電車に乗ってあちこちに出かけたものでした。電車に乗り込むときの、嬉しそうなキラキラとした瞳が今も脳裏に焼きついております。

これからの結婚生活は、急行に乗る必要はありません。各駅停車でじっくりと自分たちらしい家庭を築けばよいと思っております。

サッカー少女だった娘のウエディング姿

美沙は小さな頃から活発で、お人形よりもサッカーボールを大切にするような女の子でした。地元のサッカークラブに入り、男の子にまじって真っ黒になってボールを追っていました。

見違えるようなウエディングドレス姿でここにいる娘を見て、本当によくここまで元気に育ってくれたという思いで胸が熱くなります。

生まれたときの思い出にふれて

由紀は生まれたときに心雑音があるということで、出産を終えたばかりの家内と二人、病院で保育器に入った娘を見つめながら心配で眠れない夜を過ごしたことがございました。今では健康そのものに成長いたしましたが、改めて思い返すと、本当にいろいろなことがございました。

これからは、光一さんと二人で力を合わせて、末永く穏やかな家庭を築いてほしいと願っております。

おしゃまだった小さい頃の娘

京香は小学生の頃からおしゃまな娘で、5歳年上の姉の影響があってか、こっそり口紅をつけてみたり、姉の洋服を着て学習塾へ行ってみたりと、おしゃれに興味津々でした。それが功を奏したのか、今はメイクアップアーチストとして、大好きなことを職業にして、やりがいのある仕事に燃えているようでございます。

隆行さんも娘の仕事に理解を示してくださり、結婚後も応援してくれるといってくださっているそうです。本当にすばらしいパートナーに出会えた京香は幸せ者でございます。

内気だった子どもの頃の思い出

物静かで目立たない子、それが子どもの頃の志保でございます。小学校の先生からは、いつももうちょっと積極的にといわれておりました。

どうぞ和樹くんのリーダーシップで、娘をガンガン引っぱっていってほしいと思います。

●結婚にまつわる思い

野球好きの息子の心をキャッチしたのは…

息子は小学校から大学卒業まで、野球ばかりしてきたもので、身の周りのことには無頓着な、いわゆる体育会系の男でございます。そんな無骨者が絵美さんのような聡明なお嬢さんと知り合うことができるとは、思ってもいないことでした。

息子の投げたどんなボールが絵美さんの心を射止めたのかは知るところではございませんが、たぶんストレートのど真ん中だったのではないかと思います。親としましては、直球を正面からキャッチしてくれた絵美さん、ならびにご両親さまに感謝の気持ちでいっぱいでございます。

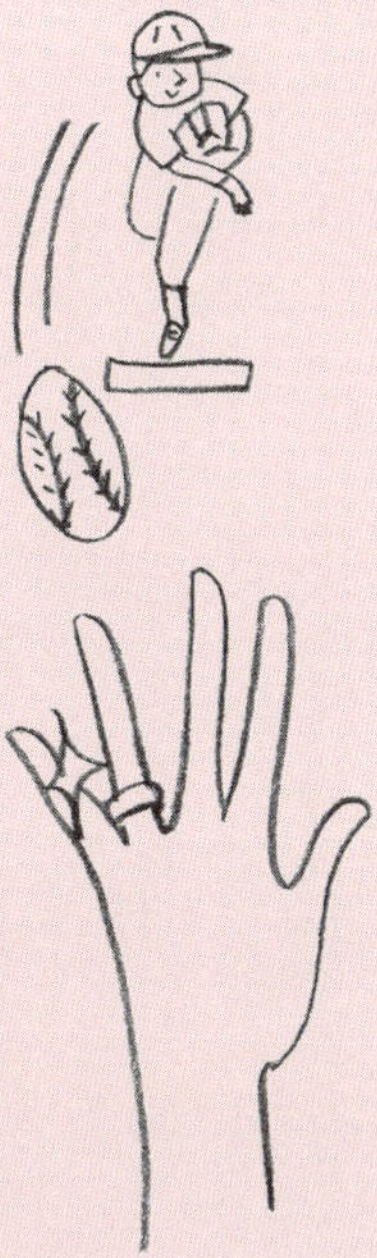

夫婦生活を航海にたとえて

これから二人は、人生という大海原に漕ぎ出すわけです。凪の日もあれば嵐の日もあることでしょう。いかなるときにも二人力を合わせてオールを漕ぎ続けてほしいと願っております。

夫婦生活の先輩としてひと言

私どもは結婚40年を迎えます。親として、そして先輩夫婦として新たに結婚生活をスタートさせる二人に伝えたいことは、言いたいことは何でも話し、とにかくおなかにため込まないようにしてほしいということです。夫婦の会話をたくさん持つことが、お互いをわかり合うために最も必要だと思います。

永治は病院勤めの医師なので、仕事がら当直があり、共働きの二人にとってすれちがいの日も多いことでしょう。でも、わずかな時間でも、二人でいろいろなことを話してほしいと願っています。

結婚生活に向けてのメッセージ

結婚とは、これまで別々の環境で育った二人が、新しい家族となり、自分たちの力で家庭というものを築いていくことです。意見が合わなかったり、ときには衝突することもあって当然でしょう。

しかし、このように多くの皆様に祝福され、見守られている二人ならば、きっと期待にそうような家庭を築いてくれることと信じております。

互いの趣味が合う二人

息子は休日といったら、趣味の釣りにばかり出かけていて、とても女性と出会うような機会がございませんでした。私どもはこのままよいご縁には恵まれないのではと、ほぼあきらめかけておりました。そんなときに巡り合ったのが加奈子さんです。加奈子さんも釣りが趣味ということで、二人のデートは釣り三昧でございました。二人は赤い糸ならぬ、しっかりと強い釣り糸で結ばれていたのかもしれません。

入院していた息子を看護してくれた花嫁

息子が趣味でやっているバレーボールでアキレス腱をいためて入院したときに、担当だった看護師さんが菜穂さんです。明るくて入院患者から人気だった菜穂さんをどうやって射止めたのかは、親としても謎でございますが、息子にとってすばらしい入院生活だったことは間違いありません。

知り合ったきっかけはレンタルビデオ店

息子は学生のときにレンタルビデオ店でアルバイトをしており、そこのお客さんだったのが早苗さんでした。会社帰りによく立ち寄る早苗さんに一目ぼれし、猛アタックをしたと聞いております。

それまではアクションものを好んで見ていた息子が、たまにラブストーリーを見るようになり、これは何かあったと、家内とも話していたのを覚えております。それから大学を卒業し、吉川物産に入社し、現在に至るまで、5年の交際期間を経て、ようやく今日の日を迎えることができました。

我が家で同居してくれる花嫁と花嫁の両親に

　我が家は男ばかりの3人兄弟なので、今日から娘ができる嬉しさでいっぱいです。離れに住んでくれるということで、行き来することになると思いますが、末永くよろしくお願いいたします。

　とは言っても娘さんを手放される川上家のご両親さまのお気持ちを考えると、そう手放しに喜ぶわけにはまいりません。どうぞ同じ大きな家族になるとお考えくださり、一緒に若い夫婦を見守っていきたいと存じます。

おいしそうに食事をする新郎の印象

　娘と浩太さんがおつき合いしているときに、一緒に食事をする機会がございました。私が最初に好感を持ったのが、浩太さんの食事ぶりでした。好き嫌いなく、おいしそうに食べる姿は、一緒に食事をしていてとても気持ちがいいものです。娘も浩太さんとなら、楽しい食卓を囲み、温かい家庭を築いていける、そのように直感いたしました。

遠方に嫁ぐ娘への思い

　ご存知のように、娘は横浜生まれの横浜育ちでございます。最初に裕一さんと結婚し旭川に行くと言い出したときには、はっきり申し上げて反対をいたしました。娘をいつか嫁に出す覚悟はできておりましたが、旭川のような遠方に嫁がせることになるとは思ってもいなかったからでございます。しかし誠実な裕一さんと何度かお会いして、実家の牧場を継ぎ、吉田ブランドの牛を育てたいという夢をうかがっているうちに、その夢に向かって一緒に歩みたいという娘の思いがわかるような気がいたしました。

　どうか吉田家の皆様、ふつつかな娘ではございますが、末永くよろしくお願い申し上げます。

大切に育ててきた娘をどうぞよろしく

花嫁の父になる日がやってきました。今日がいったいどんな一日になるのだろうかと、娘が生まれたときから何度も想像をしたことがございます。実際に迎えてみると、あわただしさや緊張で、まだ実感がわいておりません。

高校生の頃に娘に反発され、口もきいてくれない頃もございました。今となっては、すべてがかけがえのない娘との時間でございます。

ふつつかものではございますが、大切に育ててきた娘でございます。どうぞ河合家の皆様、末永くよろしくお願い申し上げます。

息子ができる喜び

娘から結婚したい相手がいることを打ち明けられ、ようやく私にも息子ができる、どんな男性を連れて来てくれるのか、想像はいろいろふくらんでおりました。そして会わせてくれたのは、私の想像以上の好青年、これ以上の喜びはございません。

よき伴侶に娘を託せる喜び

娘が結婚するというと、友人たちが口をそろえたように「寂しいだろう」と言ってきます。でも、私は喜びでいっぱいでございます。娘が陽助くんという、勤勉で穏やかな方に巡り合い、誰よりも娘を大切に思っていてくれる人に託すことができる、これほどの喜びがあるでしょうか。

奈々美も陽助くんを支え、家庭を守るよき妻になるよう頑張りなさい。そして二人で自分たちらしい家庭を築いてほしいと願っています。

二人で同じ夢に向かって

愛美が小さい頃からの夢を実現させ、獣医になれたのは力也くんのおかげです。高校の同級生だった彼が、獣医大への受験をあきらめかけていた娘を応援し、一緒に夢に向かおうと励まし続けてくれたのです。今の二人の夢は、動物病院を開業することだそうです。いつのときも力を合わせ、歩んでほしいと願っています。

友人や職場の人間関係にふれて

職場の方々に感謝を込めて

息子と玲子さんは山本商会に勤務し、そこで知り合ったのは皆様ご承知のことと存じます。皆様のご祝辞を拝聴して、息子の仕事ぶりや会社での様子がたいへんよくわかりました。また、玲子さんは私どもの思っていたとおり、気立てがよく、職場の皆様に愛されている女性だということも確信いたしました。さらにいえることは、この二人が今日の日を迎えられましたのは、会社の皆様の温かいご支援があったからこそだということです。

未熟な息子を支えてくださる職場の皆様

息子は岡本物産に入社し、今年で8年になります。まだまだ未熟なところもあるとは存じますが、だいぶ社会人として顔つきがたのもしくなってきたように思います。これもひとえに、よき職場の皆様に支えられているからでございます。

よき友人に恵まれた息子

先ほど高校時代のラグビー仲間が校歌を披露してくれました。私どももよく息子の試合を観戦し、この校歌をグラウンドで何度も聴いていたので、とても懐かしくあの頃を思い出しました。息子は学校でも職場でも、本当にすばらしい友人に恵まれた幸せ者です。

由里さんと夫婦となり、新しい人づきあいも始まることでしょう。人との結びつきを大切にし、明るい家庭を築いてほしいと願っています。

宝となる友人を大切に

今日の披露宴にお集まりの皆様から、多くのご祝辞をいただき、息子もあやめさんも本当に素敵な友人に恵まれていることがわかりました。

友は何にもかえがたい宝です。これからも互いの友人を大切にして、人との絆を深めていってください。そして君たちも人から大切に思ってもらえるような夫婦に成長してほしいと願っています。

新婦に出会い、おしゃれを気にするように

自分の身なりに無頓着だった息子が、急に朝の身支度に時間をかけるようになりました。あまり暴露してしまうと息子にしかられそうなので多くは申しませんが、その頃から同じ部署に勤務していた淑美さんに好意を持っていたようです。

淑美さんは明朗快活なお嬢さんで、息子にはもったいないような方です。都会的なセンスのない息子ですが、やさしさだけは持ち合わせております。どうぞ末永くよろしくお願いいたします。

多くの友だちに恵まれて

私の仕事の関係で息子は転校が多く、転校のたびに友だちができるか案じておりました。でも、行く先々ですばらしい友だちに恵まれ、本当によかったと思っております。今日も遠路より旧友がかけつけてくれています。美香さんも友だちに恵まれ、楽しい学生生活を送ってきたそうです。どうかこれからも友だちを大切にしていってください。

人前結婚式でよかったと実感

本日、このような人前結婚式にさせていただきましたのは高志と桜子さんが「お世話になっている方や親しくおつき合いしている方に、結婚の証人になってもらいたい」、そんな思いからでございます。今日ご列席の皆様の温かいご祝辞を拝聴していると、この結婚の形式で本当によかったと実感しております。二人はかくも大勢のすばらしい方々とおつき合いさせていただいているのだとわかり、親としてもこの上ない幸せで胸がいっぱいでございます。皆様、これからも息子夫婦をよろしくお願いいたします。

互いに絆を高め合って

健史はフリーライター、瑞穂さんは出版の編集者ということで、二人はともに出版関係の仕事に携わる同業者です。仕事上はお互いを刺激し合い、高め合える関係ですが、どうぞ夫婦の絆もお互いに高め合っていってほしいと願っています。

●今後の結婚生活への思い

晴れの日や雨の日もある夫婦生活

これから新しい結婚生活を二人でスタートさせるわけです。晴れの日ばかりではなく、雨も降れば嵐もあることでしょう。もうどうしようもないとあきらめたくなることもあるかもしれません。でも、それらひとつひとつを乗り越えていくたびに、二人の結びつきは強いものとなっていくことでしょう。

どうか、どんなときにもつないだ手を離さずに、同じ方向を向いて歩み続けてほしいと心から願っています。

豊かなシワを顔に刻みこんで

「夫婦愛はシワのなかに住む」というストバイオスの名言があります。どうかお互いの顔に豊かなシワが刻まれる日まで、末永く幸せに暮らしてほしいと今はただ祈るばかりです。

真の幸せをつかんでほしい

ゲーテの言葉に、「王であろうと農夫であろうと、自分の家庭で平和を見い出す者が、最も幸福な人間である」という言葉があります。どうか大勢の方々の祝福を受けて夫婦となったのですから、真の意味での幸福となれるよう、お互いに思いやり、慈しむ心を持ち続けてほしいと願っています。

どんな苦労も二人で乗り越えて

「ほれて通えば千里も一里」という言葉があります。好きな人のためならば、どんな苦労もいとわないという意味です。これから先の人生は、よいことばかりではないでしょう。しかしたいへんなときこそ頑張りどころです。お互いを思いやって、乗り越えていってほしいと願っています。

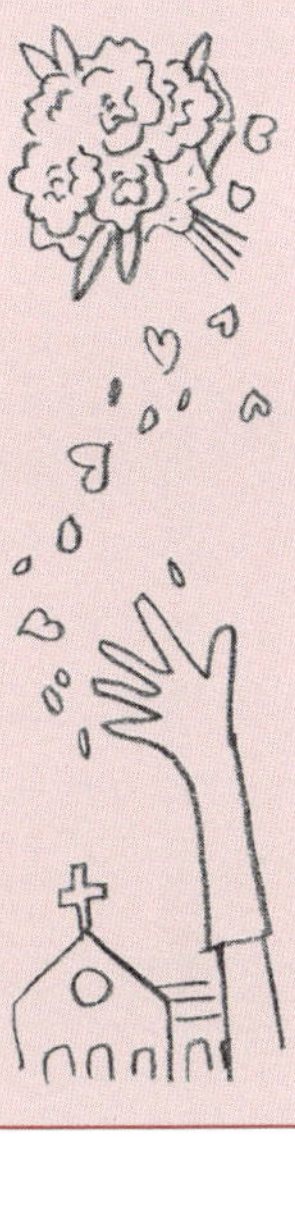

海外で生活する新郎新婦

急遽、息子のイタリア転勤が決まり、1カ月後には千尋さんと一緒に旅立つことが決まっております。これまでそばにいた息子を海外に出すことにまったく寂しさを覚えないといったらうそになります。しかし、やりがいのある仕事がイタリアで待っていると聞いておりますので、親としては喜んで送り出すべきでしょう。

ただ、千尋さんのご両親には、大切な娘さんを遠くの地に連れていってしまうことになり、お気持ちを察すると胸が痛みます。二人はひと回りもふた回りも成長して帰ってきてくれるはずです。なにとぞお許しくださいますよう、この場をお借りして改めてお願い申し上げます。

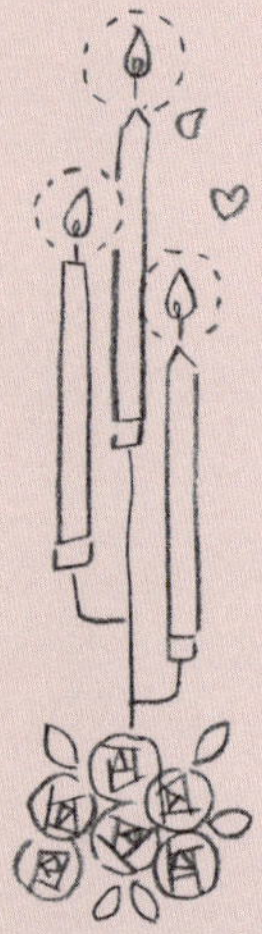

二人で協力してよい家庭を作って

今日から二人とも親元を離れ、自分たちの家庭を築き始めるわけです。これまでのように甘えてばかりはいられません。何事にも二人で協力し、いかなる山も乗り越えていってほしいと願っています。

共通の趣味を大切にして

息子も綾乃さんも、大の映画好きという共通の趣味を持っています。これは夫婦にとってたいへんよいことだと思います。といいますのも、私と家内も温泉巡りという共通の趣味があるからです。時間を見つけては二人で日本各地の温泉を旅しており、本当に楽しい時間を一緒に過ごしてまいりました。おかげさまで結婚30年を過ぎましたが、今だに夫婦円満でございます。

どうか明俊と綾乃さんも、結婚後も二人の趣味を大切にして、二人の時間を大いに楽しんでください。

おめでた婚の場合

新しい門出へ導いた天使

本日、晴れて夫婦として歩み始めた二人ですが、もうあと半年もすると新しい家族を迎えることになります。順番の違いはございますが、結婚を前提に3年近くおつき合いしてきた二人です。愛子さんのおなかの中に宿った赤ちゃんが、今日の門出へと導いてくれた天使と思っております。

どうぞ新米夫婦ならびに、新米パパ、ママとなる二人を温かく見守っていただきますようお願い申し上げます。

娘と孫ができる喜び

悦子さんのおなかの中には、すでに新しい生命が宿っております。初めて打ち明けられたときには、あまりの驚きで頭が真っ白になりました。

しかし、今では娘と孫の両方ができる喜びでいっぱいでございます。

親子3人での披露宴

啓太、真由美の二人は、昨年の5月に入籍をすませ、9月に長男の飛鳥が誕生いたしました。誕生したときは未熟児だった飛鳥も、元気にすくすくと育ち、まもなく1歳のお誕生日を迎えます。

子どもをはさんでにこやかに並ぶ二人を見ておりますと、若い頃の自分たちを思い出します。これから夫婦として、親として、いろいろな経験をしていくことでしょう。しかしいかなるときも、今の笑顔を忘れずに、温かい家庭を二人の協力によって保っていってほしいと願ってやみません。

●若い結婚の場合

二人の強い意思を応援

新郎新婦はまだ20歳を迎えたばかりでございます。結婚は早いのではないかと、両家で何度も相談をいたしましたが、二人の意思は変わらず、反対に「若いからこそ頑張れる」という二人の気持ちを応援したいとさえ思えるようになりました。

何よりも大切な二人の縁

学生の身の上で結婚を申し出たときには、家内も私も驚きました。しかし話を聞くうちに、お互いを高めていける二人であることがわかり、この縁こそ大切にすべきものであると感じたのです。未熟な息子に大切なお嬢さんを託してくださった春奈さんのご両親に心よりお礼申し上げます。

本日より歩み始める人生という長い道のりは、容易なものではないはずです。若さに甘えることなく、力強く歩み続けてほしいと願っております。

●晩婚の場合

夫婦としての道のりを楽しんで

息子は40歳を過ぎても結婚に対してまったく興味なさそうにしており、これは生涯独身かなと覚悟しておりました。しかし朱美さんという聡明な方と出会い、今まで待ったかいがございました。

出会うまでの道のりが長かった分、夫婦として歩む道のりを二人で楽しんでほしいと願っています。

10年の歳月を経て結ばれた二人

仕事上のパートナーとして、もう10年以上も時間を共にしてきた二人が、何をきっかけに人生におけるパートナーにという気持ちになったのかは知るところではありませんが、これもご縁というものでしょう。いくら仕事上のつき合いが長いとはいえ、夫婦としてはまだ始まったばかり。お互いを認め合い、思いやって、温かく堅実な家庭を築いていってほしいと存じます。

海外挙式の報告を兼ねて

ハワイの青い空のような家庭を築いて

5月の末に新郎新婦は、ハワイの教会にて結婚式を挙げてまいりました。海外のため、両家の家族だけの参列で、実にアットホームな挙式でした。

ハワイの晴れ渡った青空と美しい海に囲まれ、二人は将来を共に歩む決意をあらたにしたようです。親としましても、あのすがすがしい風を感じられるような、居心地のよい家庭を築いていってほしいと願っております。

ホームステイしていた地での挙式

娘が高校時代にホームステイしていたオーストラリアのパースにて、挙式を行ってまいりました。遠方のため、家族で内々にてすませましたが、本来ならば挙式にご参列いただきたかった方々にはたいへん失礼をいたしました。

国際結婚の場合

大和撫子の心を持つ新婦

エリザベスさんはアメリカのカリフォルニアから留学生としてこの日本にやってまいりました。そして留学生との交流会で恭介と知り合い、親しくおつき合いするようになりました。今や国際結婚は珍しいことではありませんが、それでも文化の違いを乗り越えて真の夫婦となれるのか、親としては不安に思う部分もございます。

でも、エリザベスさんは日本人よりも日本文化に詳しく、大和撫子のようなしとやかさを持つ女性です。彼女となら、ユニークで趣のある家庭生活を送れることでしょう。

再婚の場合

過去は未来へのステップ

本日、再出発をする二人に伝えたいことは、人生に無駄なことはないということです。お互いに苦い経験をしたことがあるわけですが、それも今日からの人生に向けたステップだったのだと。

人は傷ついた分だけ人にやさしくできるとはよく聞く言葉です。大切なのは思いやりの気持ちではないでしょうか。どうか今日の誓いを忘れずに、互いを思いやって、家庭を守っていってください。

息子の再スタートに向けて

ご存知のように、息子は再婚でございます。明菜さんのような初婚のお嬢さんとの結婚は、息子にはもったいないご縁だと思っておりました。しかし、明菜さんと一緒にいるときの息子の穏やかな表情を見ていると、ようやく再スタートできる嬉しさで胸がいっぱいでございます。

お見合い結婚の場合

媒酌人に心から感謝をこめて

ご承知のとおり、譲二と雅代さんはご媒酌の労をおとりくださった松岡様のご紹介によって知り合うことができました。このような良縁を結んでくださった松岡様ご夫妻に、心より感謝申し上げます。息子は、ひと目見てすっかり雅代さんと意気投合し、お目にかかったその日のうちに交際を申し込んだことを知り、心より嬉しく思いました。

大学時代の恩師に感謝をこめて

病院と家の往復で、出会いのない娘に大学時代の恩師である柿崎先生が、ご縁談を持ちかけてくださいました。やはり先生の教え子で、大学病院に勤務する忠志くんと、同じ医師として話がはずんだようで、トントン拍子に縁談がまとまり、この晴れの日となりました。先生には本日のご媒酌人もお引き受けいただき、心より感謝申し上げます。

今後の支援のお願いの文例集

謝辞に必要なパートです。列席者に心をこめてお願いを。

・オーソドックスに

なにぶん経験の浅い新郎新婦でございます。どうぞ皆様のご支援をよろしくお願い申し上げます。

どうぞ未熟な二人を温かく見守っていただきますよう、お願い申し上げます。

至らぬところの多い二人ではございますが、どうぞこれまで以上のご支援、ご指導を賜りますよう心よりお願い申し上げます。

ご列席の皆様には、この二人に末永くご厚情を賜りますよう、よろしくお願い申し上げます。

人生経験の浅い二人でございます。皆様方には今までと同様のご指導、ご鞭撻《べんたつ》を賜りますようお願い申し上げます。

公私ともども二人をお引き立てくださいますよう、心よりお願い申し上げます。

・若い結婚の場合

まだ幼さの残る二人ではございますが、どうぞ皆様にはときには温かく、ときには厳しくお導きくださいますよう、心よりお願い申し上げます。

二人はまだまだ若く、皆様のご支援なしではとうていやっていかれるものではありません。どうか今後ともよろしくお力添えを賜りますよう、伏してお願い申し上げます。

学生結婚ということで、二人は力を合わせて頑張っていくことでしょうが、わからないことも多々あると存じます。どうぞ若い二人を見守ってくださいますよう、そしてときには厳しいご叱責を賜りますようお願い申し上げます。

弱冠20歳になったばかりの夫婦でございます。どうぞ多岐にわたってお力添えくださいますよう、心よりお願い申し上げます。

・晩婚の場合

若いとはいえない二人ですが、夫婦としては新米の駆け出しでございます。どうぞ温かく見守っていただき、ときには厳しくご指導くださいますようお願い申し上げます。

出会うまでに時間がかかりましたが、縁あって結ばれた二人でございます。なにとぞ皆様のお力添えを賜りますよう、両家親族一同、心よりお願い申し上げます。

社会人としては経験を積んでいる二人ですが、家庭人としては新入生の二人でございます。皆様にはこれまで以上のご指導を賜りますよう、お願い申し上げます。

何年も連れ添った夫婦のように見えても、まだ1年生でございます。どうぞご指導、ご鞭撻《べんたつ》のほど、よろしくお願い申し上げます。

遠方で生活を始める場合

結婚後の二人の新居は、雄二さんの転勤先の名古屋に構えました。右も左もわからない土地で新生活を始める二人に、どうぞお力添えを賜りますよう、心よりお願い申し上げます。

親元を離れ九州から福島へと嫁いでくる百合子さんです。皆様には、どうぞこれまで以上のご支援を賜りますよう、よろしくお願い申し上げます。

再婚の場合

人生を新たにスタートさせる二人に、これまで以上のご支援を賜り、どうぞ温かく見守っていただきますようお願い申し上げます。

これまでの経験をバネに、大きく羽ばたこうとしている二人に、末永くおつき合いくださいますようお願い申し上げます。

二人の子どもを加え、新たに歩みはじめた夫婦に、ご理解とお力添えを賜りますよう、心よりお願い申し上げます。

国際結婚の場合

文化の違いを乗り越えて、夫婦となった二人でございますが、皆様のお力添えなしにやっていくことは難しいはずです。どうぞこれまで同様のご支援をよろしくお願い申し上げます。

新婦は異国の地で、育ってきた習慣の違いにとまどうことも多いと存じます。なにとぞ温かく見守ってくださいますようお願い申し上げます。

お詫びの文例集

ここは、決まった言い回しがよく使われるパートです。

・オーソドックスに

本日は、万事不行き届きでご不満な点もおありかと存じますが、どうぞお許し願います。

本日は至らぬ点も多かったことと存じますが、どうぞ失礼の数々、このお祝いの席に免じてお許しください。

なにかと行き届かない点もあったかと存じますが、なにとぞお許しくださいますよう、お願い申し上げます。

本日は不馴れなため、行き届かない点があったと存じます。なにとぞお許しくださいますよう、お願い申し上げます。

・アクシデントがあった場合

本日は新郎新婦の到着が遅れ、披露宴の開始が遅れてしまい、たいへん失礼をいたしました。改めてお詫び申し上げます。

本日は台風接近にともない、交通の便の乱れた中でご足労いただき、たいへんご迷惑をおかけいたしました。

結びの文例集

謝辞の最後にもう一度お礼を述べるのが一般的な構成です。

●オーソドックスに

長時間のおつき合い、誠にありがとうございました。

誠に簡単ではございますが、お礼のごあいさつにかえさせていただきます。

本日は長時間にわたりご臨席を賜り、誠にありがとうございました。

改めて皆様の温かいお気持ちに感謝申し上げ、私のごあいさつとさせていただきます。

万障お繰り合わせの上、ご来席いただいた皆様に感謝申し上げ、両家代表のごあいさつとさせていただきます。

●列席者へのねぎらいをこめて

お集まりの皆様のご健康とご多幸をお祈り申し上げ、お礼のごあいさつとさせていただきます。本日は誠にありがとうございました。

結びとしまして、皆様のご健康とご発展を祈念いたしまして、私のつたないごあいさつにかえさせていただきます。

皆様のご健康とさらなるご繁栄をお祈り申し上げ、私のあいさつの結びとさせていただきます。本日は誠にありがとうございました。

皆様のご多幸を心よりお祈り申し上げ、両家のあいさつとさせていただきます。

column 3

緊張をほぐすテクニック

大勢の列席者を前にしての謝辞は、緊張して当たり前です。不馴れな場でできるだけ緊張しない方法と、緊張したときに、どうほぐすかの対策をねって、しっかりと準備をしておきましょう。

十分な謝辞の練習を

緊張を高める原因のひとつに、準備が不十分なことがあげられます。緊張を和らげるために、事前に謝辞の原稿を作成して練習をしておくことが大切です。家族の前で声を出して練習をしておきましょう。

知っている人に語りかける

知らない顔の人を目の当たりにしてのスピーチは、緊張を強めます。親戚や知人など、会場の中心付近でよく見知った人を見つけ、最初はその人の顔を見ながら、その人に語りかけるように話すのも緊張をやわらげるコツです。

自分を飾らずに

自分をよく見せようとすると、かえって緊張が強まります。あまりに緊張してしどろもどろになりそうなら、「私、不馴れなためあがってしまって」と、開き直ってしまうとラクになります。

指名される前に深呼吸を

プログラムを頭に入れておき、いよいよ次だというときに深呼吸をしましょう。まず、息をゆっくりと長く吐き出して、次に空気をゆっくりと吸い込みます。体がリラックスし、多少の緊張はほぐれるでしょう。

PART 4

親族のスピーチ

親族のスピーチのポイントは？

主催者側の一員であることを意識して

Q 親族スピーチでの心得は？

主催者として謝意を示して

親族がスピーチをする場合、誰がどんな立場で話すのかによってその内容は変わります。おじや祖父が親族を代表してあいさつする場合や、いとこや兄弟姉妹がスピーチをする場合もあるでしょう。親族として紹介されるので、いわば主催者側の一員。新郎新婦へのはなむけの言葉だけでなく、列席者へのお礼も忘れないようにしましょう。

Q テーマ選びとまとめ方のコツは？

身内ならではのエピソードを

来賓として祝辞を述べる場合、おじやおばならば、幼い頃のエピソードや親の心情を代弁するような話でまとめるとよいでしょう。近しい兄弟姉妹ならば、その関係だからこそ知っているエピソードをおりまぜて。ただし、ウケ狙いの暴露話は避けたいもの。本人やその家族の人柄がわかるような内容だと、相手方の親族にも喜ばれます。

スピーチの流れと立ち居振る舞い

❶ **指名されたら立ち上がり会釈する**	静かに立ち、軽く会釈をして席を離れましょう。
❷ **マイクのある位置へ移動する**	進行係の指示に従い、静かに移動しましょう。
❸ **一礼してからスピーチを始める**	おじぎ（P37 参照）をしてスピーチを始めます。
❹ **終わったら深く一礼し、席に戻る**	最後におじぎをして、静かに席に戻りましょう。

スピーチの基本構成

親がわりとしてあいさつする場合は、両家代表の謝辞（P39参照）の例を参考に。来賓であっても列席者への謝意を盛り込むのが基本です。

自己紹介	「新郎の父方のおじにあたります○○です」など、新郎や新婦との関係をはっきり伝えます。
列席者や祝辞へのお礼	主催者側として、列席してくれたことへのお礼、スピーチへのお礼をていねいに。いとこの場合は省略してもかまいません。
新郎新婦の人柄やエピソードを紹介	幼い頃から知っている身内だからこそのエピソードを紹介し、新郎または新婦や両親の人柄にふれるとよいでしょう。
はなむけの言葉	親族として、新郎新婦を見守り、応援する言葉を贈ります。
今後の支援のお願い	列席者に対し、二人への末永い支援、指導をお願いする言葉を。
結び	改めて列席者に対してお礼の言葉をていねいに伝え、結びとします。

アドバイス　スピーチする立場に合わせた注意点

● **一族の代表として**
本家の代表としてあいさつする場合、一族の自慢話にならないように注意を。また、説教じみた話を長々とするのもNG。

● **親がわりとして**
親の代理としてあいさつする際は、なぜ親代わりとして出席しているか簡単に説明を。

● **来賓として（おじ・おば）**
親の代弁者となって心情を伝えるのもよいでしょう。ただし、苦言や小言は控えて。列席者への謝意も忘れず述べましょう。

● **近しい身内として（兄弟姉妹）**
近しい身内なので、披露宴の様子や現在の心境を素直な言葉で語るのもよいでしょう。ただし暴露話はやめましょう。

新郎の おじ

基本のスピーチ

息子のようにかわいがっていた甥っ子

約3分

新郎の父方の長兄にあたります宮下修二と申します。僭越《せんえつ》ではございますが、宮下家の親族を代表いたしましてごあいさつを述べさせていただきます。

本日はご多用のところ、甥・太一と美由紀さんの結婚披露宴にご出席いただきまして、誠にありがとうございます。また、先ほどより心のこもった温かいご祝辞を数々頂戴し、新郎新婦はもとより親族一同光栄に存じます。

ふた月ほど前になりますが、太一から披露宴の席でのスピーチを依頼されまして、それからというもの何をお話したらよいのか……と、妻にからかわれるほど悩んでしまいました。妻の「子どもの頃のことは？」という提案にのりまして、私と太一とのつき合いについてお話させていただきます。

私には3人の娘がおりますが、男の子がいなかったので太一を息子のようにかわいがっておりました。とくに子どもの頃は、太一と太一の姉の寿絵と二人だけで長野にあります私の家へ来て夏休みを過ごすのを、毎年楽しみにしていたものでした。私と川で魚釣りをしたり、虫取りをしたり、畑仕事を

スピーチのポイント

スピーチは3分以内にまとめます。自己紹介では、新郎新婦との関係を具体的に説明しましょう。父方、母方どちらの「おじ」であるかを説明するとよりよいでしょう。

結び　支援のお願い　はなむけの言葉

手伝ってもらったり、いつも私の周りをうろちょろしている太一を見ていると、娘たちとはまた違った男同士の楽しさがありました。

その太一が、一昨年のゴールデンウィークのときに、突然美由紀さんを連れて訪ねてきました。すでに太一の家族には紹介ずみだったようなのですが、「おじさんにも紹介したくて」と言われ、すごく嬉しい気持ちでした。聡明で明るい美由紀さんの人柄にふれ、いつかこの日が来ることを確信した思いでした。

太一、美由紀さん、結婚おめでとう。二人にロシアの小説家トルストイの言葉を贈ります。「幸福になりたいと思い、幸福になろうと努力を重ねること、これが幸福へのいちばんの近道である」。どうか幸福に満ちあふれた、明るく温かい家庭を築いてください。

横山家のご親族の皆様、これを機に末永いおつき合いをよろしくお願いいたします。

ご列席の皆様には、今後とも二人にかわらぬご支援、ご指導を賜りますようお願い申し上げます。

結びになりますが、皆様のご健康といっそうのご繁栄をお祈り申し上げまして、私のあいさつとさせていただきます。本日はありがとうございました。

相手の親族に向けて

相手の親族に対して、今後の親戚づき合いをお願いする気持ちを伝えるとよいでしょう。

言いかえ例／美由紀さん、ご親族の皆様、どうぞ仲良く親戚づき合いをさせていただければと存じます。

コラム

金言・名句を引用するときは

はなむけの言葉として、金言・名言、ことわざなどを引用する場合は、その解釈も簡単につけ加えます。事前にきちんと調べて意味を間違えて使わないようにしましょう。

新郎の おじ

オーソドックスなスピーチ 新郎の父親の言葉を引用して

約2分

自己紹介・お礼　エピソード・はなむけの言葉　支援のお願い・結び

本日は高杉家・矢野家の結婚披露宴にご臨席を賜りまして、誠にありがとうございます。私は新郎航太郎の父方のおじ、高杉良一と申します。

ご媒酌の労をとっていただきました田中典幸様ご夫妻に厚く御礼申し上げます。

航太郎の父航司は5人兄弟の末の弟で、私とは10歳離れており、子どもの頃はあまり接点がなかったのですが、社会人になり職場が近かったことから、よく酒を酌み交わすようになりました。結婚を決めたときも、航太郎が生まれることを知ったのも親族でいちばん先だったと記憶しています。そのときに「兄貴、俺もとうとう親父になるよ」と涙を浮かべながら話してくれました。そして、昨年やはり酒の席で「航太郎が結婚する」と報告され、二人で祝杯をあげました。そのときの航司の嬉しそうな表情は忘れられません。

京香さんは、明るく気立てのよいお嬢さんと航司から聞いております。航太郎はすばらしい伴侶を得たと心より嬉しく思います。二人で協力し合って温かな家庭を築いてください。

ご臨席の皆様、この二人に末永くご指導・ご鞭撻《べんたつ》を賜りますよう、お願い申し上げます。

皆様方のご多幸とご繁栄をお祈りいたしまして、私のあいさつとさせていただきます。

ポイント

自分しか知らない新郎の親の思いや言葉を引用しながら、この結婚に対する両親の喜びを代弁するのも親族のスピーチならではです。

新郎の おじ

オーソドックスなスピーチ 名句をはなむけに贈る

約2分

自己紹介・お礼

ただいまご紹介にあずかりました亮也の父宏二の兄でおじの水木宏一と申します。

本日はお足元の悪い中ご列席を賜り、誠にありがとうございます。先ほどより多くの皆様から、温かいご祝辞や励ましのお言葉を頂戴いたしまして、心から感謝申し上げます。

エピソード・はなむけの言葉

亮也が子どもの頃は、よく親戚同士で食事をしたり、旅行に出かけたりしておりました。私の家族と高尾山に登ったときのことです。亮也より年上の私の息子たちが、「疲れた」と申しますと、亮也が「お兄ちゃん頑張ろう」と言って、「1、2、1、2……」と元気よくかけ声をかけ始めました。それでなんとか落伍者が出ることなく登りました。懐かしい思い出です。

結婚生活をスタートさせる亮也と美沙さんに、ドイツの哲学者ニーチェの有名な言葉を贈ります。「結婚生活は長い会話である」。結婚生活はいろいろ変化するものだが、一緒の時間の大部分は会話が占めているという、会話の大切さを説いたものです。高尾山を登ったときのように、何ごとにも声をかけ合い、乗り越えていってほしいと願っています。私ども夫婦も改めてこの言葉を心に刻みたいと思います。

結び

結びになりましたが、皆様のご健康とご繁栄をお祈りして、私のあいさつといたします。

ポイント

金言や名句を贈る場合は、列席者にわかる言葉でていねいに解説を。その際、説教くさくならないように注意が必要です。

新郎の おじ

カジュアルな披露宴でのスピーチ
働き者の新郎をほめて

L 約1.5分

自己紹介・お礼	エピソード・はなむけの言葉	支援のお願い・結び

新郎智之の父方のおじ、町田義治と申します。隣に住む親族といたしまして、ひと言ごあいさつを述べさせていただきます。

本日はご多用のところ、智之と美穂さんの結婚披露パーティーにご出席くださいまして、ありがとうございます。また、心温まる励ましのお言葉をいただき、心からお礼申し上げます。

ご承知のとおり、智之は中華料理店「来町軒」の2代目でございます。朝の仕込みから閉店後の片づけまで、父親の義之と共に店の味を守るべく本当によく働いてくれています。

先ほどのお話にもありましたが、美穂さんは、智之の中学時代の同級生です。制服姿の美穂さんが、智之の隣でニコニコしていた姿が今でも思い出されます。これからは、店の仕事も手伝ってくれるとのこと、決して楽な仕事ではないだけに、本当によく決断してくれました。

智之、美穂さん、お互いを支え合い、協力して店を盛り立て、明るい家庭を築いてください。

ご出席の皆様には、これからもかわらぬおつき合いと、今後の二人へよきアドバイスをよろしくお願いいたします。

本日は、誠にありがとうございました。

ポイント

親がなかなか言えない新郎をほめる言葉も、親族なら言いやすいもの。おじらしい言葉で素直な気持ちを伝えましょう。

新郎のおじ

カジュアルな披露宴でのスピーチ
野球好きの新郎との思い出

L 約1.5分

自己紹介 / エピソード・はなむけの言葉 / 支援のお願い・結び

勇人、由佳さん、ご結婚おめでとう。こうして両家親族の前で、結婚を披露することができ、何より嬉しいことですね。

私は新郎勇人のおじで母方の弟にあたります、山本忠でございます。

勇人が生まれた頃、私はまだ中学3年生でした。「15歳のおじさん」と友人にからかわれたこともありましたが、末っ子だった私にとりましては、弟ができたようで学校帰りによく顔を見に訪ねたものでした。勇人が野球を始めたのも私の影響です。よく私とキャッチボールをしたり、野球観戦に出かけたりしておりました。今でも私の家で勇人と野球中継を見ながら酒を酌み交わすことがありますが、巨人が勝つとつい飲みすぎて私の家内に叱られております。

勇人が見初めた由佳さんは、ご覧のとおりとてもかわいらしく、そしてやさしいお嬢さんで、二人が並んでいる姿を見ると、私まで微笑んでしまうお似合いのカップルです。

勇人、本当におめでとう。由佳さん、勇人と幸せな家庭を築いてください。

皆様方には、どうかこれから先も二人と親しくおつき合いいただき、見守っていただければと存じます。本日はありがとうございました。

ポイント
新婦をほめる場合、外見的なことより内面的なことをほめるほうがよいのですが、お世辞でなく率直な言葉でほめるなら、問題ないでしょう。

新郎のおば

オーソドックスなスピーチ

幼い頃、病気がちだった新郎に向けて

L 約1.5分

私は新郎壮一の父方のおば、矢野登紀子でございます。

本日は、神谷家、原沢家の結婚披露宴にご列席いただきまして、ありがとうございます。

親族の一人といたしまして、ひと言ごあいさつを申し述べさせていただきます。

壮一は幼い頃体が弱く、風邪をこじらせては肺炎を起こし、入退院を繰り返しておりました。母親の由美さんは、壮一の弟の健児が生まれたばかりでたいへんだったこともあり、私が壮一のお世話を買って出ておりました。本当は母親に甘えたかったと思うのですが、あるとき「ママいないけど大丈夫?」と聞くと、「ママは健ちゃんがいるし、僕はおばさんがいるから平気だよ」と明るく答えるので、私のほうが涙が出そうでした。小学生になりスイミングを始めてからずいぶん丈夫になったと聞いています。今では身長が180㎝あり、風邪もめったに引かないそうで何よりのことです。

綾乃さん、壮一と二人でどうかすてきな家庭を築いてくださいね。

皆様にも二人を見守っていただけますよう、お願い申し上げます。

本日は、ありがとうございました。

ポイント

幼い頃の新郎を知るおばらしく、当時のエピソードでやさしい人柄を、そして丈夫に大きく育った新郎への思いを述べましょう。

新郎の おば

オーソドックスなスピーチ 生まれた頃の愛らしい新郎の思い出

L 約1.5分

自己紹介・お礼

ただいまご紹介いただきました、新郎の父方のおば、森下京子でございます。

本日はご多用のところ、若い二人のためにお運びいただきまして、ありがとうございます。

先ほどから皆様方の温かいご祝辞や励ましのお言葉を拝聴し、親族の一人として感謝申し上げますとともに、ひと言ごあいさつを申し述べさせていただきます。

エピソード・はなむけの言葉

私は俊くんが生まれた年に森下の家に嫁いでまいりまして、義姉が産後体調を崩し、実家で静養していたこともあり、一年近く俊くんのお世話をお手伝いさせていただきました。俊くんはミルクをよく飲む元気な赤ちゃんでした。首がすわり、お座りができるようになり、はいはいをするようになるなど、どんどん成長する俊くんが本当にかわいらしかったことを懐かしく思い出します。

その俊くんが、いつの間にか大人になって、愛実さんというすてきなパートナーと出会い、今日の日を迎えられたことは、何より嬉しいことです。

支援のお願い・結び

ご列席の皆様、どうかこれからもこの二人にお力添えいただけますよう、お願い申し上げます。

本日は、誠にありがとうございました。

ポイント

幼い頃の思い出を語るスピーチでは、思いがつのって、つい長くなりがち。伝えたいエピソードの要素を絞り、コンパクトにまとめましょう。

新郎のおば

カジュアルな披露宴でのスピーチ
アットホームな人前結婚式で

L
約1.5分

ただいま司会の丸山様よりご紹介にあずかりました、長谷川初美と申します。新郎の母親が私の妹にあたりますことから、おばとしてひと言、お話させていただきます。

先ほど皆様の前で、拓哉とあかねさんは夫婦としての第一歩をスタートさせました。拓ちゃん、あかねさん、ご結婚おめでとうございます。温かい祝福の拍手の中で誓い合ったことを、どうぞこれから先も忘れないでくださいね。

拓哉は生まれたときからミルクをよく飲み、離乳食が始まるとにかくご飯をよく食べてくれたそうです。ご飯は本当に大好きだったようで、小学生の頃はちょっとぽっちゃりし過ぎでは？と心配するほどでした。現在は体型はスリムになりましたが、先ほど聞いたら、今でもお酒よりご飯が好きと申しておりました。

あかねさん、あまりおいしいものをたくさん作りすぎると、拓哉はどんどんご飯を食べてしまいますから、家計のためにも拓哉の体のためにもほどほどにお願いしますね。

皆様にはこれから先も二人を見守っていただけますよう、よろしくお願いいたします。

本日はありがとうございました。拓ちゃん、あかねさん、お幸せに。

ポイント

人前結婚式など手作り感の強い披露パーティーなら、おしつけがましくならない程度に二人に新婚生活の注意点を述べるのもよいでしょう。

新郎の おば

カジュアルな披露宴でのスピーチ
親族中心の披露宴で

L
約1.5分

自己紹介 / エピソード・はなむけの言葉 / 支援のお願い

秀明くん、佐和子さん、本日はおめでとうございます。秀明の父方のおば、荻野由里子と申します。佐和子さんのご親族の皆様、よろしくお願いいたします。

秀明は思い立ったらすぐ行動してしまうところがあって、小学生のときには、いきなり東京の家から私たちの住んでいる茨城まで電車でやって来たことがありました。それも1度や2度ではありません。また、高校生のとき、オートバイの免許を取ったばかりで、高速道路に乗って遊びに来たこともありました。いつも私たち身内を驚かせてばかりいるのですが、それもこれも秀明の祖母に会うための行動で、とてもやさしい子です。

佐和子さんは、保育園の先生をしてらして、子どもたちの人気者だとうかがっております。きっとお二人で明るく楽しい家庭を築いていかれることでしょう。

ひとつだけ秀明くんにお願いです。何でも思ったことはすぐ行動してしまう秀明くんですが、これからは行動する前にその考えをぜひ佐和子さんには伝えてください。秀明くんが見初めた女性だもの。きっとわかってくれるはずですよ。

どうか皆様、二人を末永く見守っていてください。おばとしてお願い申し上げます。

ポイント

親族中心の披露宴なら、あまり堅苦しいスピーチは向きません。新郎への忠告もおばらしく、ソフトな言葉で述べるとよいでしょう。

新婦の
おじ

オーソドックスなスピーチ 新郎の両親との生活を始める新婦に

L
約1.5分

自己紹介・お礼

ただいまご紹介にあずかりました新婦真理奈の父方のおじ、小山美智雄でございます。本日はご多用中にもかかわらず、ご臨席を賜りまして、誠にありがとうございました。また、ありがたいお祝いの言葉を多数いただき、親族一同心より感謝申し上げます。

エピソード・はなむけの言葉

先ほどのお話にもありましたが、真理奈の実家は富山でございます。東京の大学に進学してからの4年間、私どもの家で下宿しており、いわば東京の両親のように接しておりました。

真治くんとは大学時代に知り合い、私の家にもときどき遊びに来ていました。妻と当時中学生だった娘が、とてもさわやかな好青年だとよく話していたことを覚えております。その交際は、真治くんが就職し関西へ赴任していたときも続き、ようやく今日の日を迎えました。

これからは横浜の真治くんのご実家でご両親と二世帯住宅での生活がスタートします。真治くん、本間家の皆様、真理奈をどうぞよろしくお願いいたします。どうか幸せな家庭を築けるようお導きください。

支援のお願い・結び

ご臨席の皆様方には、これからも二人にお力添えを賜りますようお願い申し上げます。はなはだ簡単ですが、私のあいさつといたします。本日は、ありがとうございました。

ポイント

二人の交際を見守ってきた親がわりとして、新郎やその家族に新婦のこれからをお願いする言葉を伝えてもよいでしょう。

新婦のおじ

オーソドックスなスピーチ
二人の出会いを知る親族として

約1.5分

自己紹介・お礼

本日は、あいにくのお天気にもかかわらず、このように多数のご臨席を賜り、誠にありがとうございます。

私は新婦佑奈の父方のおじにあたります、宗方幸生と申します。新婦の親族の一人として、ごあいさつを申し述べさせていただきます。

エピソード・はなむけの言葉

剛志くん、佑奈、結婚おめでとう。二人の晴れ姿を見ておりますと、運命の赤い糸の存在を感じずにはおれません。

二人の出会いは、私がやっております設計事務所でした。剛志くんは私どもが取引させていただいている吉本建設に勤めており、私の事務所に寄ってくれた折にちょうど居合わせたのが、姪の佑奈でした。佑奈もまた生け花教室の帰りに寄ってくれたのでした。その後、知人の結婚式で二人が再会し交際に発展したと聞き、本当に驚きました。静かに愛を育んでいたんですね。

支援のお願い・結び

剛志くん、佑奈をどうかよろしくお願いします。二人で温かな家庭を築いてください。

皆様にもこの二人を見守っていただきますよう、改めてお願いいたします。

本日は、ありがとうございました。

ポイント
二人の馴れ初めを知る者としてエピソードを述べながら、おじとして新婦をよろしくという気持ちを伝えると温かなあいさつになります。

新婦のおじ

カジュアルな披露宴でのスピーチ 妹のように思ってきた姪に向けて

L 約1.5分

自己紹介・お礼

芳紀くん、佳子ちゃん、結婚おめでとう。

皆様、本日はご多用のところ、二人の結婚式にお立会いくださいまして、ありがとうございました。私は、新婦の父方のおじ、山本直人でございます。

二人は今、皆様に見守られ、晴れて夫婦の契りを結びました。親族の一人といたしまして、温かい祝福に感謝申し上げます。人前結婚式というのは初めての経験ですが、親しい皆様に二人の証人になっていただくというのは、とてもすばらしいことだと実感いたしました。

エピソード・はなむけの言葉

佳子とはおじと姪の関係ではあるのですが、実の妹のように接してまいりました。芳紀くんとおつき合いが始まるきっかけとなったスノーボードを教えたのも、実は私なんです。そんなかわいい妹が遠くへ行ってしまうような寂しい心持ちもいたしますが、皆様に祝福され、芳紀くんの横で微笑んでいる佳子の様子を見ておりますと、幸せを願わずにはおれません。芳紀くん、どうか佳子をよろしくお願いします。

支援のお願い・結び

皆様には、今後もかわらないおつき合いをお願いいたします。ありがとうございました。また、本日おいしい料理をご提供いただきましたお店のスタッフの方々にもお礼を申し上げます。

ポイント

レストランウエディングなら、料理をほめたり、お店の雰囲気にふれたり、スタッフへのお礼を述べてもよいでしょう。

新婦の おじ

カジュアルな披露宴でのスピーチ 夫婦生活の先輩としてアドバイス

L 約1.5分

自己紹介

私は敦子の父の弟にあたる前田光信と申します。新婦側の親族を代表いたしまして、ひと言ごあいさつさせていただきます。

はなむけの言葉

健さん、あっこ、ご結婚おめでとう。

あっこは結婚後も仕事を続けていくと聞いております。私の話で恐縮ですが、私ども夫婦も30年近く、お互いに仕事を続けながら子ども二人を育ててまいりました。共働き夫婦の先輩として二人に忠告しておきます。それは「何事も相手の立場に立って考えろ」ということです。この先「できない」と言っていられないことが多々出てきます。「できない」なら「どうしたらできるのか」をお互いに相手を思いやりながら考えていけば、おのずと道は開かれるはずです。困ったことが起こったとき、ぜひ思い出してください。

支援のお願い・結び

さて、この縁組によりまして、上原家の皆様と親戚づき合いをさせていただくこととなり、私ども前田家親族一同にとりましても、喜ばしいかぎりです。若い二人を盛り立てて、両家が末永く親戚づき合いをしていければと存じます。どうぞよろしくお願いいたします。

ありがとうございました。

ポイント

親族ばかりの披露宴では、あまり堅苦しくせずに、今後の親戚づき合いをお願いする言葉を述べるのがよいでしょう。

新婦の おば

オーソドックスなスピーチ
幼い頃から頑張り屋の姪に向けて

L 約1.5分

自己紹介・お礼

ただいまご紹介にあずかりました、新婦の父方のおばの井上美也子でございます。
本日はお暑い中、大勢の方にお集まりいただいたうえ、温かいご祝辞を頂戴し、親族の一人として厚くお礼申し上げます。不馴れではございますが、ひと言申し述べさせていただきます。
潤さん、いづみちゃん、ご結婚おめでとうございます。

エピソード・はなむけの言葉

いづみは、私にとりましては初めての姪です。子どもの頃は体が小さく、それがまたかわいらしくて、年中顔を見に兄の家を訪ねたものでした。幼稚園や小学校の運動会では、いつもいちばん前。4年生から始めたブラスバンド部では、大きなホルンに埋まってしまうほど小さく見えたのを覚えております。とても頑張り屋で、高校生のときにはブラスバンド部の部長だからと熱があるのに野球部の応援に行ったこともありました。
潤さん、よく私がいづみに言っていたことですが、ときどき肩の力を抜くように声をかけてください。お二人が末永く幸せであるよう、心から祈っております。

支援のお願い・結び

ご列席の皆様、どうか二人を今後ともよろしくお願いいたします。皆様方のご健康をお祈りいたしまして、私のあいさつとさせていただきます。本日はありがとうございました。

ポイント

近しい親族だからこそ知っているエピソードを盛り込み、新婦を思うおばならではの温かなスピーチにしましょう。

新婦のおば

オーソドックスなスピーチ

共に仕事をする職場の仲間として

約1.5分

自己紹介・お礼

新婦の父方のおばであり、新婦が勤めております美容室「クレッセント」のオーナーをしておりますます山吹美里と申します。はじめに、ご列席の皆様方に心からお礼を申し上げます。

忠信さん、真紀ちゃん、本日はおめでとうございます。おばとして、一緒に仕事をする仲間として、心から喜んでおります。

エピソード・はなむけの言葉

真紀ちゃんは美容学校を卒業後、アシスタントとして私どもの美容室で働き始めました。一見華やかに見えますが、忙しいときは朝から晩まで立ちっぱなし、冬には手があかぎれだらけになることもあるハードな職場です。今では、スタイリストとしてお客様からの評判もよく、スタッフにも慕われ、心強いパートナーになってくれました。

これからは家事と仕事の両立という厳しい現実が待っています。両立の先輩として、困ったことがあったらいつでも相談してくださいね。お互いに協力し合いましょう。

支援のお願い・結び

忠信さんにはご迷惑をおかけいたしますが、どうぞよろしくお願いいたします。

皆様方にもこれまで以上のご支援をお願いいたします。

本日はありがとうございました。

ポイント

たとえ同じ職場の仲間であっても、親族であるという自覚は大切です。くだけすぎはよくありませんが、親族らしく温かな言葉で短めに。

新婦のおば

カジュアルな披露宴でのスピーチ
おてんば少女から素敵な花嫁となった姪に

L 約1.5分

自己紹介

私は知花の母方のおばで、原口知美と申します。吉本家の皆様、これをご縁に親戚づき合いをよろしくお願いいたします。

エピソード・はなむけの言葉

康生さん、知花ちゃん、ご結婚おめでとうございます。

今日は昨日までの雨がうそのようにすばらしいお天気で、お二人を祝福してくれているようですね。知花ちゃんのウエディングドレス姿、とってもきれいでおばさん感動しちゃったわ。

知花ちゃんは水島家の一人娘ですが、家が近所だったこともあり、いつも3人おります私どもの息子たちと泥んこになって遊ぶような子どもでした。息子たちの影響で始めたサッカーは、中学高校でも続けておりました。私が知っている知花ちゃんといえば、そんなおてんばな女の子でしたので、いつの間にこんな素敵なお嬢さんになっていたのかと、驚くばかりです。

そしてお隣にいる康生さんがまた素敵で、お似合いのカップルですね。聞くところによると、康生さんもずっとサッカーをされていて、よく二人でJリーグの試合を見に出かけていたとのこと。共通の趣味があるというのはすばらしいことです。

康生さん、どうか知花ちゃんをよろしくお願いいたします。これからも仲良く、お幸せに。

ポイント

親族のみの披露宴では、新婦の話ばかりをせずに、新郎をほめることも大切です。今後のつき合いをお願いする言葉も忘れずに。

新婦の おば

カジュアルな披露宴でのスピーチ 旅行先での姪との思い出

L 約1.5分

大樹さん、津久美ちゃん、ご結婚おめでとう。こんな素敵なパーティーに招待してくれてありがとう。

新婦の母方のおばの山崎典子と申します。ふつつかではございますが、ごあいさつ申し上げます。本日は、温かなご祝辞をたくさんいただき、おばとして感謝いたします。また、すばらしいお料理をご提供いただきましたレストランのスタッフの方々にもお礼申し上げます。

津久美の母恭子と私は旅行が趣味で、よく姉妹で出かけるのですが、海外へ行くときは留学経験のある津久美が通訳としていつも同行してくれていました。「美術館へ行きたい」「靴を買いたい」など私たちのわがままを聞いて行動プランを考えてくれる頼もしいツアーコンダクターです。そんなしっかり者でやさしい津久美ですので、きっと素敵な奥さんになってくれると思います。

大樹さん、どうか津久美をよろしくお願いいたします。二人で幸せな家庭を築いてください。

本日お集まりの皆様には、これからもこの二人にお力添えをお願いいたします。

ありがとうございました。

ポイント

素直な気持ちで披露宴をほめると好感が持たれます。祝辞のお礼と一緒にスタッフにお礼の言葉を述べるのもカジュアルな披露宴ならでは。

新郎の 兄

オーソドックスなスピーチ

感銘を受けた名言を取り入れて

約1.5分

本日は弟慎吾と優美さんの結婚披露宴にご列席いただきまして、誠にありがとうございます。私は慎吾の兄、水沢尚吾と申します。

慎吾は私の5つ違いの弟で、間に妹がおります。母から聞いた話では、私はずっと弟をほしがっていて、幼稚園の年少組のときには七夕の短冊に「弟をください」とお願いしたそうです。その願いがかなって慎吾が生まれ、とても嬉しかったことを覚えています。以来慎吾はずっとかわいい弟で、妹とけんかすることはあっても、慎吾とはほとんどありませんでした。その慎吾が優美さんという伴侶を得て、本当に嬉しく胸がいっぱいです。

慎吾、優美さん、本当におめでとう。私の結婚式のときに恩師からいただいた言葉を二人にも贈ります。それは西洋のことわざで、「幸福な結婚生活を支えるのは、〝愛情〟〝信頼〟〝思いやり〟の3本の柱である」という言葉です。ぜひお互いにこの3つの柱を大切にして、幸せになってください。

ご列席の皆様には、新しい人生のスタートラインに立った二人に、これまで以上のご支援を賜りますよう、心からお願いいたします。本日はありがとうございました。

ポイント

兄として自分の結婚式で感銘を受けた言葉を贈るのもよいでしょう。また、夫婦の先輩としてのアドバイスなどを盛り込んだスピーチでもOK。

新郎の姉

カジュアルな披露宴でのスピーチ
共に生活をしていた頃の思い出

約1.5分

自己紹介・お礼 / エピソード・はなむけの言葉 / 支援のお願い・結び

陽介の姉の高見沢奈津でございます。

本日はご多用の中、ご出席いただきまして、誠にありがとうございます。また、二人のために温かいお言葉の数々、心よりお礼申し上げます。


陽介が進学のために上京してから、私が結婚するまでの6年間、杉並のマンションで二人暮らしをしておりました。つねづね男の人も家事ができるほうがいいと思っておりましたので、半ば強引に料理も掃除も分担を決めて、さぼった場合は罰金をとるというシステムにしました。最初は、陽介が料理をする日は野菜炒めかラーメンだけだったのに、徐々にレパートリーを広げ、いつの間にかかなり多彩なメニューが作れるようになっていたんです。

陽介、そのときの腕前を新婚生活でも発揮して、二人で家事を楽しんでくださいね。そして互いをいたわりあう、温かい家庭を作ってください。


陽介、香織さんいつまでも仲良くお幸せに。

ご出席の皆様も二人を温かく見守ってください。姉としてよろしくお願いいたします。

本日はありがとうございました。

ポイント
弟の特技をアピールしながら、新生活へのアドバイスをすることで、自慢話にならずにスピーチをまとめることができます。

オーソドックスなスピーチ 子どもの頃から仲のよい妹として

L 約1.5分

新婦の妹の希実と申します。本日はご多用のところ、二人の結婚式にお集まりいただきまして、ありがとうございました。生まれてからずっと一緒に育ってきた姉が、幸せな日を迎えることができてとても嬉しく思います。

姉と私は、3つ違いの姉妹です。両親が働いておりましたので、小学生の頃は姉の授業が終わるのを待ってから、一緒に帰っておりました。だいたい私たちが先に家に帰り、その後しばらくして母が帰ってくるような毎日でしたが、それまでに宿題を終わらせて母を手伝うのが私たち姉妹の日課でした。私はときどきお手伝いをさぼっていましたが、姉は本当にやさしい人で、母の体を気づかってお手伝いをさぼることもありませんでした。中学高校になると、姉がいちばんの親友のようで、洋服を買いに出かけるときも姉と一緒、恋の相談も姉でした。

お姉ちゃん、本当におめでとう。今日のお姉ちゃんとってもきれいよ。浩太さんと幸せな家庭を築いてくださいね。浩太さん、姉をよろしくお願いいたします。二人で世界一幸せなカップルを目指してください。

ご列席の皆様、どうぞ温かく二人を支えてください。よろしくお願いいたします。

ポイント

新婦となった姉への感想を、仲のよい妹の素直な言葉で語ると、たとえ身内をほめる内容でもほほえましい印象になります。

新婦の弟

カジュアルな披露宴でのスピーチ
母親のように面倒を見てくれた姉

L 約1.5分

自己紹介・お礼

ただいまご紹介にあずかりました、新婦美貴の弟、裕貴です。
本日は、吉隆さんと姉の結婚披露宴にご出席いただきまして、ありがとうございます。

エピソード・はなむけの言葉

姉の美貴は、いつも僕や双子の弟、和貴、光貴の世話係という感じでした。姉と僕は3つ違いなのですが、僕と弟たちは年子だったこともあり、子どもの頃は年中とっくみ合いのけんかでした。すると、母にかわって姉が飛び込んで仲裁に入ってくれていました。遊びに出かけたきりなかなか帰ってこない僕たちを探しに来てくれたのも姉でした。僕が高校生の頃、学校をやめたいといって両親と大げんかをして家を飛び出したことがありました。そのときも姉が追って来てくれて、いつもはおしゃべりなのにずっと黙って一緒にいてくれました。僕が教員になり山形の中学校に赴任するときは、お守りを持って見送りに来てくれました。いつも僕たち兄弟を温かく見守ってくれていたやさしい姉貴です。

結び

姉貴、今までありがとう。吉隆さんと幸せになれよ。
吉隆さん、ちょっとおせっかいなところがありますが、姉貴をよろしくお願いします。
本日はありがとうございました。

ポイント

親族といっても弟なので、列席者へのお礼を長々と述べる必要はないものの、身内であることを意識して簡単にお礼の言葉を述べましょう。

新郎の いとこ

カジュアルな披露宴でのスピーチ
二人の出会いを知る幼なじみとして

約1.5分

自己紹介　エピソード・はなむけの言葉　結び

隆史、祥子ちゃん、結婚おめでとう。

新郎の父方のいとこにあたります、村瀬竜太と申します。新郎とは同い年で幼稚園から中学まで一緒でした。そんな幼なじみとしてひと言ごあいさつ申し上げます。

実は隆史と祥子ちゃんを引き合わせたのは、この僕なんです。隆史と僕は学生時代から一緒にチームを組んでサッカーを楽しんできました。その試合のときに、僕の同僚と応援に来てくれたのが当時アルバイトに来ていた祥子ちゃんでした。試合の後に、チームのメンバーと飲みに出かけたのですが、いつの間にか二人はアドレスを交換していたみたいなんです。しばらくしてから交際を報告してくれたのですが、本当に驚きました。

祥子ちゃんは、気立てもよく、頼んだ仕事はテキパキこなす働き者で、社内でも人気だったんです。そんな祥子ちゃんが僕ではなく、なんで隆史？　と不思議でならないのですが。

ここからはまじめに言いますが、祥子ちゃん、隆史は責任感の強い、いいやつです。二人で幸せな家庭を築いてください。僕もちょくちょくお邪魔しますので、よろしく！

南雲家の皆様、おじさん、おばさん、本日はおめでとうございます。

ポイント

カジュアルな披露宴なら、少しくだけたスピーチも許されます。ただし、最後は両家へのお祝いの言葉できちんと締めましょう。

新婦の いとこ

オーソドックスなスピーチ
幼い頃から親しくしていたいとことして

約1.5分

自己紹介・お祝

ただいまご紹介いただきました、新婦のいとこの荻原早知と申します。
恭平さん、紀香ちゃん、ならびに柴田家の皆様、おじ様、おば様、本日は誠におめでとうございます。

エピソード

新婦の紀香ちゃんと私は、母同士が姉妹のいとこです。年も1つ違いで近いこともあり、よく一緒に遊んでおりました。幼い頃に通っていたピアノ教室も一緒でした。私は6年生でピアノをやめてしまいましたが、紀香ちゃんはピアノの先生になりたいという夢をずっと持ち続けて本当にピアノの先生になったのですから、尊敬してしまいます。社会人となった今では、なかなか会う機会もなく、ときどき近況報告のメールをやり取りするだけになってしまいましたが、恭平さんのことはしばしばそのメールにも登場しておりました。一度などは、発表会のあとに恭平さんとツーショットで撮った写真を送ってくれて、まるでアカデミー賞のレッドカーペットの上にいるかのような素敵なカップルに見えました。

結び

恭平さん、紀香ちゃんをよろしくお願いいたします。お二人の末永い幸せを祈りまして、お祝いの言葉とさせていただきます。ありがとうございました。

ポイント

新郎との面識がない場合も、新婦から聞いた話を取り入れて、その人柄、またはその人のイメージにふれるとよいでしょう。

乾杯前・余興前のスピーチ

乾杯前・余興の前のスピーチは、1分程度に短くまとめましょう。

乾杯前のスピーチ

皆様、本日は二人のためにお集まりいただきまして、ありがとうございます。新郎隼人のおじにあたります、斉藤浩でございます。

隼人は、私がコーチをしていた地元の野球チームの教え子でもあります。その隼人が美しい沙耶さんを射止めたのですから、これはナイスプレーといわざるを得ません。

ではご指名によりまして、はなはだ僭越《せんえつ》ではございますが、乾杯の音頭をとらせていただきます。

隼人、沙耶さん、ご結婚おめでとうございます。新郎新婦の末永いお幸せと、両家並びに本日ご列席の皆様方のご健康、ご繁栄をお祈りいたしまして、「乾杯!」。どうもありがとうございました。どうぞごゆっくりご歓談ください。

乾杯の音頭

新郎のおじの会田芳正でございます。本日はお集まりいただきまして、ありがとうございます。若い二人に幸多かれと祈りまして、乾杯したいと存じます。ご唱和をお願いします。「乾杯!」。

新郎のおじにあたります、村田陽司でございます。ご指名により、乾杯の音頭をとらせていただきます。智樹くん、花絵さん、ご結婚おめでとうございます。「乾杯!」。ありがとうございました。

新婦のおじの宮田人志でございます。ご指名でございますので、乾杯の音頭をとらせていただきます。皆様、ご唱和をお願いいたします。お二人の前途を祝しまして、「乾杯!」。

余興前のスピーチ

新郎の おじ 得意のマジックを披露する

ただいまご紹介にあずかりました、新郎の母方のおじにあたります、鈴木利通と申します。本日はご列席いただきまして、ありがとうございます。

幹生、成実さん、ご結婚おめでとう。二人の仲睦まじい様子に、おじとして嬉しく思います。

本日は余興をということでしたので、私の趣味でもありますマジックを披露させていただきます。お祝いの気持ちをこめて、皆様に楽しんでいただけるよう頑張ります。

新郎の 兄 二人の思い出の歌を贈る

新郎の兄の原田雅紀です。

弘樹、由美さん本日はおめでとう。

これからの二人の幸せを祈って、また、二人にとっても思い出深いこの歌を贈ります。お聞き苦しいかと存じますが、しばしおつき合いください。

新婦の 妹 姉が好きなピアノ曲を演奏をする

新婦亜美の妹で吉岡奈美と申します。姉とは小さい頃から、友達のように何でも話してきました。そんな姉から圭一さんとの話を聞いたときは、本当に嬉しくて、今日の姉の姿をいつも想像していました。目の前の姉は、私の想像以上に幸せそうな様子で、胸がいっぱいです。

圭一お義兄さん、お姉ちゃん、おめでとうございます。絶対幸せになってくださいね。今日は姉が好きだったこの曲を贈ります。

急にマイクを向けられたときの
短いスピーチ

急にマイクを向けられてあわてないよう、
あらかじめ話題を考えておきましょう。

新郎の おじ 親戚が増える喜びをエピソードに交えて

智之の父方のおじの佐々木悟朗と申します。ひと言ごあいさつさせていただきます。

春奈さん、智之、結婚おめでとう。

智之と酒を飲みながら話していると、時間のたつのを忘れてしまうことがよくあります。聞き上手なのか、いつの間にか古い話をいろいろさせられて気分よくなってしまうようなのです。

これからは、智之の聞き上手にのせられて春奈さんが夜遅くまでつき合わされるかもしれませんね。くれぐれもお酒の飲みすぎには気をつけて。

盆に集まるときは、ぜひ我が家にも寄ってください。楽しみにお待ちしています。

本日はありがとうございました。

新婦の おば 二人の門出に名言を贈る

新婦の母方のおばの井上佐和と申します。急なご指名であわててしまいますが、裕真さん、夏帆ちゃん、おめでとうございます。

私は読書が趣味で、書評や小説家について書かれたものを読むのも好きです。私が見つけたイギリスの小説家サッカレーの名言をぜひ夏帆ちゃんに贈ります。「美しい笑いは家の中の太陽である」。いつもニコニコしている夏帆ちゃんにぴったりの言葉でしょう? その笑顔でいつも家庭を明るく照らしてくださいね。末永くお幸せに。

新郎の 妹 二人の馴れ初めを質問する

お兄ちゃん、千尋さん、ご結婚おめでとうございます。今日は千尋さんに質問したいと思います。

妹の私が言うのもおかしいのですが、兄はおっちょこちょいなところがあって、アイスコーヒーと間違えてめんつゆをグラスに注いでしまったり、財布を忘れて出かけ、私が駅に届けたこともありました。そんなお兄ちゃんが、千尋さんみたいに素敵な女性をどうやって射止めたのかと、前から不思議に思っていたんです。お兄ちゃんのどこがよかったのか、教えてください。

（新婦の返答）

千尋さんの答えで、お兄ちゃんの意外な一面を知ることができました。千尋さんこれからもお兄ちゃんをよろしくお願いいたします。

新婦の 兄 友人である新郎に向けて

渉、あさ美、結婚おめでとう。あさ美の兄で、渉の大学時代からの友人でもある森田将太です。

このように自己紹介をしますと、二人は僕を介して出会ったように思いますが、まったく違うのです。先ほどのお話にもありましたように、二人は学生時代にアルバイト先で知り合い、交際をスタートさせました。その後、あさ美の兄が僕だと知って渉は動揺したらしいです。僕と渉はゼミも一緒で飲みにも行く仲だったのですから、何でもっと早く言わないのかと僕に怒られると思ったそうです。まったくもってそうなのですが（笑）。

今日から渉と兄弟になると思うと不思議な気持ちですが、渉、あさ美を幸せにしてあげてください。兄としてよろしく頼みます。

監修

岩下宣子

（いわした　のりこ）

現代礼法研究所代表。NPO法人「マナー教育サポート協会」理事長。「思いやりの心を基本とするマナー」を多くの人に伝えるべく、企業などの研修で指導をするほか、テレビ、雑誌、講演など幅広い分野で活躍する。著書・監修書に『結婚のマナーカンペキ！BOOK』（小社刊）『両親が読む！今の子どもの結婚常識』（土屋書店）などがある。

現代礼法研究所

http://www.gendai-reihou.com/

デザイン
GRiD（八十島博明、石川幸彦）

イラスト
角口美絵

執筆協力
成瀬久美子、宇田川葉子

DTP
ニシ工芸株式会社

編集協力
株式会社 童夢

感謝と慶びを伝える
両親・親族のあいさつ

2019年3月22日　発行

監修　岩下宣子
発行者　佐藤龍夫
発行所　株式会社大泉書店
住所　〒162-0805　東京都新宿区矢来町27
電話　03-3260-4001（代表）
FAX　03-3260-4074
振替　00140-7-1742
印刷所　半七写真印刷工業株式会社
製本所　株式会社植木製本所

http://www.oizumishoten.co.jp/
ISBN 978-4-278-03586-5　C0077　R81